Markus Steiner
WELTHERZ

Markus Steiner

WELTHERZ

Von einem, der auszog, die Freiheit zu suchen

Mit 24 Seiten Farbbildteil,
drei Schwarz-Weiß-Illustrationen
und einer Karte

MALIK

Mehr über unsere Autoren und Bücher:
www.malik.de

MIX
Papier aus ver-
antwortungsvollen
Quellen
FSC® C083411

ISBN 978-3-89029-489-6
2. Auflage 2018
© Piper Verlag GmbH, München 2017
Redaktion: Ulrike Gallwitz, Ebringen
Karte: Johannes Klaus, Berlin
Illustrationen: Filipe Santos, Lissabon
Bildteilfotos: Markus Steiner, Lissabon
Satz: Satz für Satz, Wangen im Allgäu
Litho: Lorenz & Zeller, Inning a. A.
Druck und Bindung: CPI books GmbH, Leck
Printed in Germany

Inhalt

LISSABON, PORTUGAL
Matar a saudade
Eine Gasse, die ganze Welt

Epilog
oder
Weiter weg

Prolog
oder
Vom Aufbruch

Noch vor meinem vierzigsten Geburtstag wollte ich entdecken, wer ich wirklich bin. Herausfinden, was ich mit meiner Lebenszeit anstellen möchte. Ich wollte keine Mensch-Maschine sein, die Geld generiert. Kein Panther hinter tausend Stäben. Kein Kästchen bewohnen. Ich wollte leben, mich lebendig fühlen. Ich wollte wissen, auf welche Weisen man leben kann. Ich wollte die Vielfalt der Welt erfahren und mit der Natur verbunden sein. Ich wollte Klarheit. Ich wollte meine Natur aufspüren, mein Wesen, meine Identität. Ich wollte dem leisen und lauten Singen meiner Seele lauschen. Die Stimmen der Welt hören. Von der Magie kosten – ehe es daran ging, mich einzurichten. Ich wollte einen Fuß in Landschaften setzen, die ich noch nicht kannte. Ich wollte ein freies, einfaches, ein reiches Leben. Ich entschied mich, auf Reisen zu gehen. Die Reise verwandelte mich.

Wenn es für mich so etwas wie eine Gebrauchsanweisung zur Freiheit gibt, dann hat sie der Schriftsteller Edgar Allan Poe als »vier Voraussetzungen des Glücks« vor Langem aufgeschrieben:

1. Das Leben im Freien,
2. Die Liebe zu einem Menschen,
3. Die Loslösung von jedem Ehrgeiz,
4. Die schöpferische Tätigkeit.

Ich kündigte 2011 meinen Job bei einem Internet-Start-up. Packte meinen Rucksack und zog sechs Wochen später los Richtung Himalaja, die Berggiganten Nepals anstaunen. Seitdem reise ich, Daumen in den Wind, folge meinem Instinkt, jeder wilden Fantasie, und setze auf Vertrauen, das wir als Fremde immer brauchen, als verbindende Kraft für die schlummernden Beziehungen. Zu uns selbst, der Welt und den Menschen.

Ich begann, ein Tagebuch zu schreiben. Denn beim Beatnik Jack Kerouac las ich vom Wert eines solchen Buches: Alles, was man in ein Tagebuch schreiben würde, gleich wie banal, sei später immer von außergewöhnlichem, beinahe qualvollem Interesse, notierte er in Anlehnung an die Worte des Schriftstellers Julien Green. Ich schrieb meine Gedanken auf und die Geschichten, die mir unterwegs begegneten, die vom Leben erzählen sollten. Ich hielt fest, was erfahrbar war. Dies sind die Aufzeichnungen meiner Reise.

Teil 1

ISRAEL

Bequemlichkeitstrance
und Freiheitsschwüre

Eins

Seelenreise

Ich trage noch meinen Winterpulli. Nennt mich verrückt. Alles beginnt heute. Alles. Sitze da, am Strand – auf meinem Rucksack und neben meinem vorläufigen Gefühl: alles ziemlich verrückt und wackelig. Weil es nicht mehr so sein würde, wie es einmal war.

Nach vier Stunden Passkontrollenduell und Generalverdachtswahnsinn am *Ben Gurion Airport* atme ich Tel Aviv ein. An einer menschenleeren Kreuzung am Ende der Allenby Road bin ich müde aus dem Taxi gestolpert. Mehr noch als das überfließende Licht, die unverwandt rauschende See und die Morgenstille haut mich die leichte Luft um, die warm und sanft – so lautlos wie ein Landstreicher – an meinem Gesicht entlangstreift. Eine ganze Weile schaue ich der Aufführung der Möwen über dem offenen Meer zu. Ich werde seelenruhig. Ich höre mich atmen.

Wohin hätte ich besser aufbrechen können als an den Ort, wo diejenigen hinströmen, die sonst nicht wissen, wo sie bleiben sollen. Einen Ort, an dem es nicht weiter auffällt, wenn man laut fragt: Warum bin ich hier? Was ist mir heilig? Und gerade erst ein paar Schritte in der Welt unterwegs, erhalte ich die Quittung all der wunderbaren Möglichkeiten und laufe Gefahr, gleich zu Beginn dieser Reise an Fieber zu erkranken, am Stendhal-Syndrom zu verzweifeln: Tel Aviv. Kann kaum begreifen, was da wirkt. Kann ein Ort so leicht, so schön sein? So aufsässig, mutig, trotzig? Kann Freiheit ein Verführer sein, reich und süchtig machen? Kann man so federleicht das Leben lieben?

Manchmal erliege ich einer Illusion, die mich antreibt. Der Illusion, die besonders intensiven Augenblicke des Lebens einfrieren zu können. Solange ich daran denke, kann mir nichts passieren. Will durchs Leben schlendern, will das Leben verehren, weil es mir gelingt, dass Weltherz und Sinne voll auf Empfang stehen. Jeden schalen Alltag will ich mir vorwerfen, keineswegs den Alltag hinrichten.

Am Strand von Tel Aviv schmecke ich das würzige Aroma des Abenteuers, das vor mir liegt: Dem Fremden auf den Leib zu rücken, es zu bedrängen, daran zu rütteln – es auszuhalten. Mein Hunger wird gestillt werden von allen Versuchungen, die ich am Wegesrand aufsammeln will. Und von Shakespeares klingender Liebesmusik: »I shall be gone and live / or stay and die.«

Der Sonnenaufgang riecht nach Schischa. Zwei Araber und ein Israeli sitzen nicht weit von mir, ziehen gemeinsam an einer Wasserpfeife. Die unzähligen Nationalitäten und Völker im winzigen Israel, nicht größer als das Saarland. Jeder hat seinen Grund zu kommen. In Israel, heißt es, habe man immer zwei Gründe für Aufbruch und Ankunft: einen, den man sagt. Und einen, den man besser verschweigt.

Es ist ein Montag im Oktober, 4 Uhr 30. Mein Kopf ist auf meinen Rucksack gestützt. Ich liege reglos im Sand und döse. Niemand war an der Rezeption meiner Pension anzutreffen, als ich an die Tür klopfte. Ich beschloss, auf das Zimmer zu pfeifen, den Rest der erschöpften Nacht in den Himmel zu starren und zu hören, was das Meer mir sagt.

Ein Aufbruch, ein Anfang, so groß, so blau, so leise wie Liebe. In das Morgengrauen gekippt, der Blick auf das weite Meer, ohne Unterschlupf, ohne Ziel, ohne Weg. Bewaffnet mit Plänen, die nur vage durchschimmern. Ich sehe, wie die Sonne Tel Aviv wach küsst. Die Surfer sind da, wenig später die Hitze. Dann stehe ich auf und schwimme im Meer.

Tief hinabtauchend sinke ich zu meinen Gedanken, schleppe mühsam hinauf, was mich nach Tel Aviv brachte.

Am Flughafen sah ich die Werbeplakate einer global agierenden Bank (Global, voll gut. Weltweit Kohle abheben! Kostenlos!). Auf vier Plakaten waren abgebildet: Kinderhände (Untertitel: »Potential mit o«), ein Student (»Aufbruch mit 20«), ein Business-Mann mit Champagnerglas (»Erfolg mit 46«) und Hände, die Weinreben wiegen (»Herausforderung mit 58«). So bitte leben. So stellte man sich also mein Leben vor. Denken einkassieren. Abhängigkeit zementieren. Das Leben als Skript, ein Drehbuch, wie bei der Truman-Show. Trifft man diese Wahl, gibt es keine Wahl mehr. Das war's dann. Selbst wenn ein Riss den Himmel durchschneidet.

Immer sollen wir das Leben anderer wollen. Es kommt so hübsch als Ganzes, als Einheit daher, als heißgemangelter Anzug von der Stange. Ich folgte einer Route, die bedenklich auf Bürgerlichkeitstrance zusteuerte, auf einen Lebensstil, den andere schon für mich entworfen hatten. Ich wählte den Anzug nicht einmal richtig selbst. Manchmal erhält man Stoff von minderer Qualität. Was wusste ich denn schon, wer ich war? Was wusste ich denn schon, was ich brauchte? Was gut tat?

Ich war abhängig. Ein Tramp moderner Zeiten. Digitaler Knecht. Wie in Chaplins Film »Modern Times« sangen jeden Morgen die Sirenen der Arbeit, dann die Melodien der Business-Unterwürfigkeit – und abends noch schnell irgendeinen Anbieter wechseln. Der Samstag war dann für das Amazon-Paket da. Ich war abhängig, so war's. Von Unternehmen, Terminen und Stimmungen, Trends, Technologie und der Telekom, von Menschen, Meetings und Meinungen, von Verpflichtungen und Zwängen.

Das erregende und erfüllende Gefühl des Aufbruchs: Milchiges Licht bricht plötzlich durch alle Ritzen. Man gibt etwas auf. Den Komfort des Wissens. Man bricht auf, in einen Zustand des Nicht-Mehr-Wissen-Wollens. Heute sehen wir nichts mehr, was wir nicht vorher erwarten. Unser Leben wird von Algorithmen bestimmt. Sie berechnen, wie wir leben wollen. Sie beantworten die wichtigsten Fragen – die an uns selbst. Wir verwechseln ihre Berechnungen mit unserem Denken. Ich will das Denken zurückerobern. Ich will mit eigenen Augen sehen, nicht fragen: Wie ist es da drüben? Ich will hin, will fühlen, will spüren.

Das holprige, haltlose Leben auf der Straße will ich zu meinem Prinzip erheben. Ein Streifzug durch die Welt. Konnte losgehen. Jetzt mal Gegenwart. Kein neues Leben. Aber einen Ort zum Leben: Tage. Kurs Voraus, laufe los, steige ein, in das Flugzeug nach Tel Aviv. Und Udo Lindenberg wusste, warum, er hat es besungen, »Das Leben«: »Nimm dir das Leben / und lass es nicht mehr los / greif's dir mit beiden Händen / mach's wieder stark und groß / lass die andern weiterhetzen, weiterhetzen – wir nich' / wir streunen locker durch die Gegend / mal sehn wohin es uns so bringt.«

Spazieren zum Rothschild Boulevard. Bauhaus-Bauten. Ich sitze in einem Café, ein Glas Granatapfelsaft vor mir, Palmen am Rand der abschüssigen Straße. Brandungssound auf der Tonspur. Ein Mann auf einem Fahrrad fährt mit einem Surfbrett unter dem Arm die Straße hinunter. Ein Liebespaar schlendert ihm entgegen. Das Paar lacht und küsst sich. Das Mädchen vergräbt den Kopf an der Schulter des Jungen. Auf dem Rücken des Mädchens baumelt ein Maschinengewehr. Gegenüber eine junge Frau, die ein blaues T-Shirt trägt. Aufschrift: »Imagine Peace Everywhere«. So sieht das Weiterleben aus an einem Ort, an dem sie jungfräuliche Seelen in Uniformen stecken und sie für etwas kämpfen lassen, was sie Freiheit nennen wollen. Was in Tel Aviv unverzüglich haften bleibt, sind die Widersprüche. David Sedaris wusste: »Speed eliminates all doubt.« Geschwindigkeit vernichtet allen Zweifel, befeuert Gedankenroutine und unseren vielleicht größten Irrtum: die Verwechslung von Bequemlichkeit und Freiheit.

Tel Aviv blickt mir in die Augen. Wer auch immer mir begegnet, schaut mich an, mit interessiertem, mit respektvollem Blick, der fragt: Wer kommt da? Wer bist du? Und der flehend fordert: Erzähl mir deine Geschichte! In Tel Avivs Augen lodert noch aufmerksames Interesse. Jetzt falle ich in grüne Augen, versinke dann in blaue, braune, schwarze. Ein Bündel flammender Blicke folgt, fröhliche, funkelnde, leuchtende, glänzende, scheinende, strahlende, kaleidoskopartige, große, kleine, runde, schmale, aufgerissene, verdrehte, verweilende, sezierende, suchende, hektische, geschminkte, ungeschminkte, melancholische, teuflische, engelsgleiche, fragende, nickende, blitzende – Lebensbeweise.

Wir haben verlernt. Zu fragen, zu bitten, zu sehen. Hinzusehen. Uns anzusehen. Wir verschenken keine Aufmerksamkeit mehr. Wir nehmen nur noch. Immer dann, wenn wir Empfang haben, mit den paar Zoll Display. Wir betrachten Dinge, begehren und verehren sie. Und wir stürzen unsere Welt damit ins Chaos.

Dabei genügen unserem Gehirn zweihundert Millisekunden, um ein einzelnes Gesicht zu erkennen, und man sagt, es brauche auch nicht viel länger, um sich zu verlieben. Und wenigstens diese eine Sache, die wir lieben, braucht unsere Seele doch. Das ist es doch wert, das Leben. Warum tun wir es so selten?

Zwei

Grenzland

In der Nacht zuvor: Jenseits der weißen Linie, dort drüben, das ist Israel. Ich weiß, dass Luise, die in der Warteschlange nebenan wartet, kein Weiterflugticket besitzt. Sie hat es mir mit einem lustvollen Blick kurz vor der Landung verraten. Sie wolle zum »Sukkot«, dann in Israel abtauchen, mal in eine ganz andere Rolle schlüpfen, gibt sie sich geheimnisvoll. »Komm mit«, ruft Luise über die Schlange spähend hinweg und lacht. »Komm mit mir!« Meine Sehnsucht, nicht mehr unter Rollen begraben zu werden. Meine Sehnsucht nach Wirklichkeit, Echtheit.

In meiner Tasche steckt ein Ticket, denn ich will später weiter, in den Himalaja, meinen Sehnsuchtsort. Wir stehen und warten, die Einreiseschalter aus Glas in weiter Ferne. Ich fühle mich sicher. Vor dem Spiegel hatte ich ein paar Antworten und Contenance einstudiert. Dabei wollte ich bleiben, egal, was kommen sollte. Es hieß, wenn man dann Israel betreten würde, wenn man die Grenze überwunden habe, wenn die Tür erst offen stünde, dann ließen die Israelis für jeden Ankömmling einen Luftballon an die Decke der Ankunftshalle aufsteigen. Es hieß auch, man solle sich den Einreisestempel besser mal auf einem separaten Blatt geben lassen. Es hieß so einiges. Dann trete ich vor den Tresen, hinter dem die Einreise-Dame generalverdächtigt.

Passport!

Ich schiebe meinen grünen, vorläufigen Reisepass herüber, auf dem – mit goldenen Buchstaben – Bundesrepublik Deutschland gedruckt steht.

Woher?

Hierher gucken!

Die Frau ist jung, sie hat lange schwarze Haare, sie ist hübsch, sie gibt Befehle. Sie befragt, ohne mich anzublicken. Sie macht ihre Arbeit. Sie macht sie gründlich, Fakten anhäufend. Jetzt keine Widersprüche. Schön unverdächtig. Ich werde verhört:

Warum kommen Sie?

Wie viele Personen in Israel kennen Sie? Niemanden?

Wohin weiter?

Flugticket zeigen!

Warum danach Indien?

Warum nicht erst Indien, dann Israel?

Wie viel Geld besitzen Sie?

Tourist, ja?

Ist das Ihr Rucksack? Ist da ein Reiseführer drin?

Herzeigen!

Genaue Route?

Jerusalem? Was wollen Sie in Jerusalem?

Und dann fällt mir das Pilger-Hospiz ein, weil die junge Hübsche weiter fragt, wo ich in Jerusalem wohnen würde. Und ich antworte, was mir durch den Kopf geht. Für einen Augenblick scheint mir, als hätte ich ein Lächeln auf ihrem Gesicht registriert.

In einem christlichen Hospiz, ja?

Der Teil mit dem Hospiz, nein, der war nicht vor dem Spiegel einstudiert. Mein Kopf schwirrt. Ich beginne plötzlich so leichtfertig davon zu sprechen und weiß nicht, warum. Ich denke: Das war's wohl, und mir gehen fensterlose Räume durch den Kopf.

Sie sind religiös?

Sagten Sie nicht, Sie kennen niemanden in Israel?

Wo genau ist das Hospiz? – Mal mitkommen!

Meine Zeit am Tresen ist abgelaufen. Den letzten Befehl erteilt mir der kleine Mann mit dem ausdruckslosen Gesicht, der aus dem Nichts auftaucht und nun meinen grünen Pass in der Hand hält. Er hatte dem Verhör nicht beigewohnt. Jemand muss ihn gerufen haben. Die junge Hübsche sehe ich nicht wieder.

Ein anderer Raum, mehr Befehle.

Hinsetzen!

Warten!

Ich warte. Eine halbe Stunde, eine Stunde, eine weitere halbe. Das ist das Ziel dieser Wartezeit: dass meine Selbstsicherheit ordentlich runtergedimmt wird.

Der Mann trägt eine olivgrüne Uniform mit Abzeichen. Glatt rasiert hantiert er mit Pässen, Telefonhörern, Tastaturen, rangiert mit Stempelkissen und verschiedenen Stempeln. Es ist alles wie im Film »Der Schneemann«, in dem Marius Müller-Westernhagen, einen Drogendealer spielend, verhört wird. Ich fummele, situationsadäquat vorausschauend, in meiner Hosentasche nach Dollar-Scheinen, die Verhandlungsmasse summierend. Doch die Situation biegt dann anderswo ab. Keine Rede von Dollar-Scheinen. Der Mann schaut nicht mal herüber. Nur einmal blickt er auf: Als ich meinen zweiten Reisepass auf dem Haufen Dinge auf seinem Schreibtisch ablege. Er nimmt den Pass mit zwei Fingern auf und schwenkt ihn im Schein der Schreibtischlampe. Der Mann schaut den Pass misstrauisch, aber nicht uninteressiert an. Wie ein Beweisstück.

Ich befinde mich ein bisschen in der Defensive jetzt. Er stellt mir die gleichen Fragen wie zuvor die Frau. Nur bekomme ich diesmal keine Atempause. Ich versuche mich unermüdlich daran zu erinnern, was ich zuvor schon geantwortet hatte. Dann aber befiehlt er, alle Gegenstände meines Rucksacks auf seinen Tisch zu legen.

Zwei Pässe? Warum?

Welche Stempel sind da drin?

Er will von mir hören, was er gleich selbst sehen wird, erst dann nimmt er das Blättern auf. Es ist ganz frisches, beinahe ungestempeltes Bundesdruckerei-Papier.

Was wollten Sie in Amerika?

Zehn Tage nur, ja?

Er wittert irgendeine Fährte. Er stürzt sich förmlich auf sie. Er muss Bestätigung fühlen, das gibt ihm Auftrieb. Wie gut, dass ich hier vor ihm sitze, meint er wohl. Bei ihm erfahre so einer wie ich die richtige Behandlung. Seine Gesetze gelten hier. Er blättert weiter. Was er dann entdeckt, passt in seine Generalverdachtsarbeit.

Warum haben Sie das Indien-Visum in einem zweiten Pass versteckt?

Warum lügen Sie?

Natürlich hatte ich das Visum nicht versteckt. Und es war auch keine Lüge. Natürlich wirft er es mir nur so hin. Ich reise mit zwei Pässen, weil ich nach Indonesien will. Ein Israel-Stempel im Pass gilt dort nicht als Empfehlungsschreiben.

Eine lange Pause. Dann blättern. Hantieren und Rangieren. Missmutiges Blicken. Nach einer Weile fliegt eine Tür auf. Ein anderer Mann in Zivil, flüsternd. Dann wird ein anderer Pass gestempelt und wort- und blicklos an einen weiteren Mann gereicht. Die Männer machen Gebrauch von ihrer einzigen Waffe, die gleichwohl gut in der Hand liegt: Mich dem einsamen Gefühl auszuliefern, nicht zu wissen, was als Nächstes geschehen wird.

Ich sitze hier fest. Ein Niemand, im Niemandsland angekommen, wenn es so etwas gibt auf israelischem Boden. Und dann kommt es anders. Weil mich ein alter Bekannter, ein gnadenlos ungerechter Gefährte einholt: das Glück. Der Uniformierte spricht kein weiteres Wort mit mir. Er scheint sich nicht mehr für mich zu interessieren.

Plötzlich ist Luise da. Mit ihrer blauen Jeansjacke, ihren langen blonden Haaren und ihrer Verlorenheit. Er befiehlt ihr, sich auf den Stuhl vor seinen Tisch zu setzen, und Luise schrumpft. Dann drückt er bedacht missmutig einen seiner Stempel in meinen Pass. Und schiebt ihn bis kurz vor die Schreibtischkante, aber nicht weiter. Es sind seine Regeln. Bis zum Schluss. Es ist sein Land. Grenzland.

Ich greife nach dem Pass, blicke Luise ein letztes Mal flüchtig an, stehe auf und gehe. Wohin, weiß ich nicht. Kann nicht einmal sagen, ob ich gehen darf, frei bin. Aber ich weiß, ich werde nicht mit Luise gehen. Es hängt immer davon ab, wer auf der anderen Seite auf dich wartet.

Die Tür zur Ankunftshalle schiebt sich vor mir aus dem Weg. Und ich sehe Luftballons unter der Decke.

Drei

Anastasia

Ich treffe Anastasia das erste Mal auf der Allenby Road. Ihr Joint ist fast aufgeraucht, Asche segelt herab. Von ihrem Kopf baumeln braune Locken. Vor mir das sagenhaft scharfe Humus, das nach einer guten Prise Kreuzkümmel und Koriander riecht. Wir hocken auf dem Gehsteig. Anastasias Schicht in dem Fast Food-Restaurant ging gerade zu Ende. Und über uns gießt der orientalische Sternenhimmel sein natürliches Nachtlicht aus.

Wenn man in der Fremde steckt, dann kommt man einer Stadt am besten nachts auf die Schliche, nur dann verrät sie einem, was sie zu verheimlichen hat. Der Tag ist bloß das Negativ. Nachts funkelt die Stadt in einem wahrhaften Licht. Das Blasse bekommt Kontur, wie bei einem Polaroid.

Mit einem Blick aus der Ferne kommt einem Tel Aviv vor allem in der Finsternis der Nacht wie eine Verschwendung von Hoffnungen, Kraft und Träumen vor. Das Licht, die Musik, der Tanz, die qualmenden Wasserpfeifen, das quirlige Markttreiben. Doch für die, die hier das Weiterleben kultivieren, ist es in Wirklichkeit die nahe Verwandte der Verschwendung: die Verzweiflung, die emsig mahlt. Und so stürmen sie hier in jede Nacht und versuchen dem Schönen Raum zu verschaffen. Denn dort, wo kein Licht mehr hinfällt, dort entdeckt man das andere Tel Aviv. Die schlaflosen Nächte. Die betäubenden Diskotheken-Beats. Die fensterlosen Schutzräume.

Anastasia hat nicht vergessen, wovon ihre Träume handeln. Wenn sie Inventur macht, findet sie Gründe für ihr Dasein. Wie den Traum von der Freiheit. Der echten – die, die weniger will. Und jenen von ihren Sehnsüchten. Wie der vom Reisen. Weil das Reisen doch immer ein Türchen für uns offen hält, weil es die Ausweglosigkeit für eine Weile überlistet.

Die Familie von Anastasia kam aus Russland nach Israel. Sie hatten alles zurückgelassen, einen Grenzbeamten bestochen und waren auf dem Landweg bis nach Israel geflüchtet. Das war zu einer Zeit, als Juden nicht aus Russland ausreisen durften und Israel als Land der Sehnsucht galt.

Heute ist Anastasia eine von über einer Million russischen Juden in Israel. Und ernüchtert. Im russischen Viertel von Tel Aviv gibt es Supermärkte mit russischen Waren, und die Leute sprechen auf der Straße Russisch miteinander. Doch obwohl sie das Land mit aufbauten, führen die russischen Israelis weiterhin ein Leben in der Fremde. Das Land sei zu klein. »Wenn Frieden wäre, dann könnten wir überall hingehen«, sagt Anastasia.

Der Extrakt dieses verdammten Landstrichs ist trübe: Hier kämpft jeder gegen jeden. Die Palästinenser gegen den Hunger. Die

Gläubigen gegen die Ungläubigen. Die Araber gegen die Israelis. »Wir müssen wieder voneinander lernen wollen. Damit wir verstehen. Dann wären wir frei.«

Es sei der Hunger der Waffen, der mache alles kaputt. »Aber Tel Aviv ist anders«, erklärt Anastasia, während »God is a DJ« von Faithless aus einem der Lokale auf die Straße scheppert.

Anastasia kämpft um ein richtiges Leben, um einen Ort, den sie Heimat nennen will. Auf dem Restaurant-Tresen steht eine Blechdose mit einem bunten Schild: »One more Schekel and I am off«.

Was mich in dieser Nacht an Anastasia umhaut, ist ihr Glaube. Ein Glaube, der stärker ist als jede Religion: Der Glaube, dass die Welt ein freundlicher Ort ist.

George Orwell meinte, dass wir die Wahl haben zwischen Freiheit und Glück. Und das Glück, so Orwell, sei für die meisten die bessere Wahl. Ich begreife in dieser Nacht, dass es ein großes Glück ist, die Freiheit zu besitzen, dort zu sein, wo man sein will – nicht wo man sein muss. Sowie verharren zu können, nicht vor dem Augenblick davonzurennen. Zu leben.

Wir reden, bis der Tag anbricht. Von irgendwo singt Peter Sarstedt »Where do you go to my lovely?« und plötzlich sehe ich, wie Anastasia wortlos in das Ende unserer enteilten Nacht läuft.

Vier

Und schaut nicht nur zu

»Sukkot«, das Laubhüttenfest. Das israelische Erntedankfest wird seit dem Auszug aus Ägypten gefeiert. In den Straßen von Tel Aviv stehen die »Sukka«, die selbst gebauten Holzhütten mit Dächern aus Palmwedeln. Die Familien verbringen während des siebentägigen Festes hier ihre Zeit, speisen, schlafen und feiern in den Behausungen.

Ich gehe durch die Straßen. Weiße Häuser und Palmen und eine Geigenspielerin im Blumenkleid. Vom Markttag vererbter Müll. An der Ecke ein Plakat, ein Roxette-Konzert. Ich biege ab. Ich schaue einer Familie beim Bau ihrer Hütte zu. Alufolie, Papiergirlanden, Plastikweintrauben und eine Leiter. Der alte Mann lädt mich ein zu bleiben. Ich fühle meine Scheu, bin auch Deutscher in Israel. Würdest du einen Fremden in dein Haus einladen? Würdest du? Ja? Seine Freundlichkeit rührt mich und rieselt auf mein scheues Herz. Auf dem Tisch stehen Humus, Brot und Apfelkuchen. Mit einer Kippa auf dem Kopf sitzen wir dann auf Bierbänken, und ich schlage mir den Bauch voll. Die Kinder spielen in der Hütte Verstecken, und ein größeres Kind zieht ein anderes an den Ohren. Eine kleine Lampe erhellt die Laube. Die bunte Lichterkette blinkt. Immer wieder laufen Menschen auf der Straße vorbei und rufen: »Chag sameach«, frohes Fest!

Als Reisender taucht man wieder und wieder und wieder in eine fremde Welt hinab. Manchmal für Stunden, manchmal für einen Wimpernschlag, einen flammenden Blick, für eine Berührung nur oder ein Wort. Wie richtig der Schriftsteller Georg Klein liegt mit seinen Worten: »Ich bin gegen das Gefühl, dass man meint, etwas mitnehmen zu müssen. Das Besondere ergibt sich aus der Zufallsbegegnung.« Alles, was es dazu braucht, ist ein beherztes, grenzenloses, stürmisches Vertrauen. Israel füllt meinen Rucksack mit wunderbarem Gepäck, verstaubten Habseligkeiten: der Offenheit zu vertrauen. Auf meine Intuition zu setzen.

Israel verdanke ich eine Zufallsglücklichkeit: So viele bereichernde Begegnungen mit Menschen, jede Begegnung eine Reise ins Unbekannte, Unberechenbare, Ungeplante, Unüberlegte, Übermütige – ein bodenloser Fall ins Abenteuer. Die Menschen geben, sie teilen, sie feuern an, sie beflügeln, sie reißen mit, sie verbinden, sie lieben. Sie bestehlen mich auch und betrügen und belügen. Sie sind schlau und schlitzohrig. Sie sind rätselhaft. Sie kreuzen meinen Weg rücksichtslos und boshaft, eitel und übermütig, maßlos und gierig. Ich werde wehrlose Zielscheibe des Zufalls. Und meiner eigenen Mittelmäßigkeiten und Illusionen.

In Israel sehe ich auch so vielfältige, so unterschiedliche Lebenswelten an einem Ort wie nie zuvor, und es ist klar: Meine eigenen Wertvorstellungen zählen. Mein Weg, zu leben und zu lieben. Es gibt keine Religion, die mich mit anderen Menschen verbindet. Es gibt auch keine Religion, die mich von anderen Menschen trennt. Was uns verbindet, ist etwas, das tiefer einsickert, stärker ist: Menschlichkeit. Glück ohne Glauben: Ich brauche keine Religion als Schutzschild.

Die Laubhütte zeigt mir auch, was ich auf dieser Reise will. Dass ich den Leuten nicht beim Leben zuschauen will. Ich will mit ihnen lachen und weinen, singen und versinken, tanzen und trinken; eine Weile, vielleicht nur für einen Abend, von ihrem Leben kosten, will erfahren, was ihr Leben durchrüttelt. Und am Ende mit anderen Augen sehen. Will wissen, wie ich mich dabei fühle, will mich spüren. Es geht um die Verbindung. Keine Reisen durch Landschaften aus Hyperlinks. Keine manische Vernetzung, die es nicht einmal bis zur Unterseite meiner Oberhaut schafft – Verbindung, tief, innig, nah, und wenn sie nur für einen Augenblick währt. Verbindung, die mein Herz auf links zieht.

Von der Hütte aus beobachte ich eine lustige Szene auf der anderen Straßenseite: Es ist nun später Abend. Die Stadt wie leergefegt. Ein Mann und zwei Frauen nähern sich mit Fahrrädern der Kreuzung. Kein Fahrzeug weit und breit. Der Mann überquert die Kreuzung. Dann folgt die erste Frau. Sie bleibt auf der anderen Seite mit dem Vorderrad am Bordstein hängen. Und fällt um. Die zweite Frau stoppt gewissenhaft vor der Kreuzung an der Ampel, weil die rot aufleuchtet. Sie hält vor Schreck die Hand vor den Mund, erkundigt sich aus der Ferne rührend nach dem Zustand der Gefallenen und wartet weiter. Als die Ampel auf Grün springt, fährt die zweite Frau los und auch sie kann den Bordstein nicht überwinden. Nimmt mehrmaligen Anlauf. Die Angst des Radfahrers vor dem Bordstein.

Dann nimmt sie einen kräftigen Zug von ihrer Zigarette. Mit einem weiteren Anlauf hält sie auf den Bordstein zu. Geschafft! Im Paradies soll's keine Ampeln geben: Alle drei fahren vergnügt und gemeinsam weiter. Schlingernd durch die Nacht.

Ich gehe zur Jazzbar am Hafen. Salzluft und die knarrenden Taue der Segelboote. Vor der Bar stehen schöne Frauen und stolze Matrosen, junge Kerle in Uniformen rauchen lässig. Ein Soldat verschwindet mit einem Mädchen. Drinnen jazzen sie los, und immer wieder dringen Fetzen der Musik durchs Fenster, bis sie sich verflüchtigen in der warmen Nachtluft Tel Avivs und die Morgendämmerung heraufzieht. Ich werde aus der Nacht entlassen, und Freya Stark beschützt mich im Schlaf: »To awaken quite alone in a strange town is one of the pleasantest sensations in the world.«

Fünf

Elvis und sein Friseur

Morgens schwimmen im Meer, dann eine Autofahrt nach Haifa. Während der Küstenfahrt bleibt endlos Zeit, auf das grenzenlose Blau zu blicken. Haifa schenkt mir das Wunderbarste, was mir am Ende dieses Tages passieren kann: Wallid. Ich treffe den kleinen weißhaarigen Mann in seinem Friseursalon in Wadi Nisnas, dem alten arabischen Viertel von Haifa. Wallid ist einer, der noch jeden reicher aus seinem Salon entlassen hat. Mit munteren Geschichten und Weisheiten.

Wallid erzählt von seinen fünf Brüdern, drei Töchtern und neun Enkeln. Der älteste Bruder, der sei gegangen, nach Amerika. Er selbst sei auch schon dort gewesen, aber nur zu einem Besuch, wie er betont: »My America is here in Haifa.«

Ein amerikanisches Leben, das könne er, der seit fünfzig Jahren diesen Salon in Wadi Nisnas betreibt, sich nun wirklich nicht vorstellen: zu rastlos, zu viel Arbeit – von wegen: freies Land –, eine Trennung von Frau, Töchtern und Familie – alles undenkbar. Wallid rührt ausgiebig und seelenruhig zitronengrasduftenden Rasierschaum an. Den Alten treibt wohl Nietzsches Beobachtung um: Durch das Auflösen der Bindungen zwischen Ort und Mensch, meinte der, steigere sich das Bestreben des Vergleichens und mit diesem die Unruhe.

An der Wand ein Bild von Elvis, darunter ein Autogramm von Larry Geller – Elvis' Friseur in Los Angeles. Wallid begegnete Larry in Hollywood und zeigte Elvis' Mann fürs Haar, so Wallids Erzählung, wie man eine Tolle frisiert. Der Elvis-Look, der, na klar, stamme von ihm, behauptet Wallid und lacht. Nachdem er, Wallid, Larry begegnete, sei Elvis urplötzlich mit Wallids Haifa-Tolle zu sehen gewesen. So sei's damals abgelaufen.

Ich sitze auf Wallids hundert Jahre altem Friseurstuhl aus Chicago. Er will wissen, wie es um mein Haar unter der Mütze bestellt ist, und entscheidet, dass ich einen neuen Haarschnitt bekomme. Keine Elvis-Tolle. Nach einer Stunde, weiteren Geschichten und einer duftenden Rasur blicke ich vergnügt in den Spiegel.

Wallid schleppt mich zu seiner Schwester, bei der ich wohnen kann. Bevor wir den Salon verlassen, hängt Wallid seine gestärkte weiße Friseurjacke auf einen Bügel, streicht darüber und stellt sich anschließend vor einen kleinen Spiegel, kaum einsehbar in der Ecke hängend, um dann, heimlich, souverän über das spärliche Haar auf seinem Haupt zu kämmen. Ein eitler Blick. Fertig. Wir gehen.

Durch die Gassen von Wadi Nisnas, dann durchqueren wir das deutsche Quartier der »German Colony«. Weil sie hier in Kürze den Messias erwarteten, kamen 1868 deutsche Christen nach Haifa im damaligen Palästina. Sie wollten einen deutschen Tempel bauen und die Menschheit vor der Gottlosigkeit retten. Der Tempel wurde nie errichtet, doch weil ordentlich Bakschisch in die richtigen Taschen wanderte, entstand eine kleine Stadt: eine deutsche Reihenhaussiedlung mit Palmen im Garten. Mit der Staatsgründung Israels

1948 mussten die wenigen verbliebenen Bewohner der Kolonie gehen.

Von der Kolonie aus blicke ich auf Gärten, die sich am Hang des Karmelgebirges wie Terrassen über Haifa stapeln. Die Leute grüßen Wallid freundlich. Jeder hier kennt den Alten. Wir kommen an einer Gruppe junger Leute vorbei, die Musik spielen und Schilder hochhalten:»Free Palestine«. Alltag.

Haifa ist tolerant. In Haifa leben Juden, Araber und Christen – friedlich.»Vielleicht weil Moses, Jesus und Mohammed nie in Haifa waren«, sagt Wallid schelmisch.

Er fühle sich frei, weil er wisse, er ist sein eigener Boss. Weiser Wallid: Er zieht die Freiheit in den kleinen Dingen der großen Freiheit vor, weil er weiß, wie weit weg die ist.

Wallid muss los – der Ruf zum Abendgebet. Und, weltlicher, aber wichtiger noch: Wallids Frau wartet nicht gern mit dem Essen.

Sechs

Christen-Kitsch

Als die Sonne immer weiter steigt, sind es nur noch wenige Kilometer bis Nazareth. Über den Hügeln der Stadt ist ein blaues Band gespannt. Unten in der Altstadt empfängt mich schriller Christen-Kitsch aus China. Doch nur wenig später versöhnt mich etwas: ein geschenkter Moment voller Zauber.

Schon bei der Ankunft in Nazareth bin ich erschlagen von der Hitze, dem wirren Verkehr auf den Straßen und dem Ramsch in den Gassen. Ich laufe auf gut Glück weiter, und vor der Verkündigungskirche wartet man auf eine Vermählung. Es sind arabische Christen, die sich hier das Jawort geben wollen. Nazareth ist die größte arabische Stadt in Israel. Zehn Prozent der arabischen Israelis folgen dem christlichen Glauben.

Ich stehe auf dem Platz vor der Kirche, und neben mir kommt ein schwarzer Mercedes 500 zum Stehen. Durch das Fenster blickt mich vom Rücksitz aus die Braut an. Traurig, verloren, ja ängstlich. Vielleicht ist es die Sorge vor der Schwäche, beim Gedanken an den rauschenden Abend: Dann würden alle essen und einen über den Durst trinken. Sie würden tanzen, lachen und weinen, und sie müsste – als arabische Braut – den ganzen Abend durchtanzen. Vielleicht ist es auch die Angst, das neue Leben nicht lieben zu können.

Um das Brautauto herum das Treiben der Leute, die sich auf dem Platz herumdrücken. Hinter dem schwarzen Mercedes hält ein weiterer 500er, aus dem laute Rap-Musik dröhnt. Junge Männer steigen aus und scharen sich um den vorderen Wagen. Videokameras werden gezückt und Handys. Sie sollen jede Regung, jede Empfindung, jede Nuance mit einem digitalen Lasso einfangen. Der Klang-Brei: Schreie, lautes Brüllen, Raunen, Begehren. »Endless Love« dringt von irgendwo aus einem CD-Spieler.

Dann streikt die Film-Beleuchtung. Der Schleier sitzt schief. Aufregung, Entsetzen. Wie ferngesteuert schiebt ein Menschenknäuel Vater und Braut in die Basilika. Die Mutter wird nicht müde, führt unverdrossen Regie: Lachen, bitte, jetzt! So ein schöner Tag. Der schönste des Lebens.

In der Kirche dauert das Treiben an. Der Raum ist groß und kühl. Mehr und mehr Leute drängen hinein, recken Handys empor. Ich wende mich ab, will nicht – wie die wilde Horde – zu den Dieben zählen. Wann werden wir begreifen, dass wir etwas geopfert haben: das Intime, das Innige, das Sehnende, alles Ungewisse. Irgendwo haben wir das Geräuschlose der Pause verloren. Intimität, ein Akt des Wollens. Der Anwesenheit. Des Da-Seins. Des Erfahren-Wollens. Der Wind weht mir die Worte von Theodore Roethke tief in den Kopf hinein: »What shakes the eye but the invisible?«

Als ich mich umdrehe, falle ich in die Augen eines kleinen Mädchens, das dicht vor mir in einem weißen Samtkleid auf den Knien herumrutscht. Das Blumenmädchen hat – wie ich – Reißaus genommen vor dem Trubel.

Die Kleine blickt mich an, mit diesen braunen runden Augen, jede Widrigkeit forttauend. Sie streckt mir eine selbst gepflückte Blume entgegen. Ein Augenblick der Freude, der nicht vergehen soll, so aufrichtig ist diese Geste, so innig der Blick, der bei mir eintrifft. Mein Glück: Das Mädchen ist die Einzige, die hier keine Rolle übernehmen muss. Ihr Gesicht ist keines, das »gemanaged« ist. Das lautstarke Pfeifen der Orgel dringt aus der Kirche.

Es ist ein einsamer Moment, der Zauber versprüht, auf diesem Platz, an diesem Ort und Tag, zwischen Christus-Kitsch, Rap-Radau und Hochzeits-Halligalli. Ich wünsche mir, dass die Braut – an meiner Stelle – diesen zauberhaften Moment erführe.

Noch am Abend weiter nach Jerusalem. Im Radio Klassik und »Wrong Road« von Tamar Eisenman. Ein ausgebrannter Wagen steht plötzlich auf der linken Spur der Autobahn. Ein Attentat?, denke ich. Aber in Israel ist es ein Ausrufe-, kein Fragezeichen.

Sieben

Jahrtausendparfum

Das alte Jerusalem lebt hinter Mauern. Uralt und in endloser Enge. Wer Licht sehen will in Jerusalem, muss auf Dächer steigen. Und hinter den Mauern der Medina wird das Jahrtausendparfum der Welt verwahrt. Düfte, Gerüche, Dünste.

Die Schatten der Altstadt werden entworfen von den Mauern der Medina. Ich komme zur Abenddämmerung und betrete durch das Jaffator eine fremde Welt, die Altstadt Jerusalems. Hier war Israel einmal Jordanien. Das war bis 1967. Es gibt Kirchen, Klöster, Moscheen, Handyläden, Hammams und Hostels. Suren tönen und Kirchenglocken. Das Kopfsteinpflaster aus der Römerzeit. Jerusalem nahm sich reichlich Zeit, sich hübsch zu machen. In die Gassen, Katakomben und verborgenen Winkel der Medina verirrt sich auch bei Tag kaum ein Lichtstrahl. Ich wohne in dem Pilger-Hospiz am Ende der Via Dolorosa und stelle meinen Rucksack in der kleinen kargen Kammer ab. Dann steige ich auf das Dach und blicke auf die goldene Kuppel des Felsendoms, wie sie da leuchtet, scheint und flirrt, vor dem schwarzen Samtvorhang dieser Nacht.

Unten, in der Medina, begegnet man als Erstes den arabischen Händlern. Kippa-Moden, duftende Brotfladen und Kardamomkaffee. In der David Street sind sie mit ihrer begnadeten Schläue auf Fang, werfen ihre Netze aus. Basarbetrieb. Das Leben in Jerusalem sprudelt aus dem armenischen, christlichen, jüdischen und moslemischen Viertel. Doch in diesem Abschnitt der Altstadt verwalten die Moslems schnöde Weltlichkeit aus China.

Am nächsten Morgen winkt mich Tariq heran. Ob ich das mal halten könne, so eröffnet der junge Mann seinen Lockruf. Eine bescheidene Bitte sei es, mal auf die Tüte mit dem roten Inhalt und seinen Laden aufzupassen, für einen Moment nur. Er sei mit dem Vorgang beschäftigt, das Tablett mit den Teegläsern fix dort drüben abzustellen, es unbeschadet durch die geschäftige Gasse, dieses Durcheinander, dieses Gewirr aus Morgenland und Abendland zu balancieren. Schon ist Tariq verschwunden.

Safran. Das Gramm 30 Euro. Tariq lässt mich allein vor seinem Laden zurück – 15 000 plastikversiegelte Euro in meiner Hand haltend.

Als wir später in seinem Laden sitzen, nimmt Tariq einen grauen Stein in die Hand. »Hier«, sagt er, Amber auf meinen Arm reibend, wie man Parmesan auf einer Reibe reibt. »Riecht gut, oder?« Kant nannte den Geruch einen »Geschmack in der Ferne«, einen Sinn des Genusses, flüchtig und vorübergehend, und mir ist, als ströme das verriebene Amber auf meinem Arm die gesamte Gasse hinunter, erfülle die David Street. Wo früher Pestduft hauste, nun ein Hauch von Sex. Dann versenkt Tariq seelenruhig einen ganzen Eukalyptus-

Kristall in meinem Teeglas. »Du trinkst doch einen Tee?« Eine weitere List. Um mich einzufangen. Der Tee schmeckt vorzüglich, und wir schlürfen und wir plaudern und eigentlich plaudert nur Tariq. Und nach einer Weile dann rückt Tariq mit der Sprache heraus. Den Stein würden alle nur den »Magic Stone« nennen. Darum ging es also. Um den Stein. Amber ist eine Art Moby-Dick-Pheromon, ein ausgespieener Klumpen aus dem Bauch eines Pottwals, aphrodisierend, ausdauerbefeuernd, triebbetörend. Ein Mann müsse einer Frau geben, was sie bei Vater und Bruder nicht bekäme. Wonach sich aber jede Frau schon als Mädchen verzehre. Der Stein verlängere die Freuden der Frau, bevor »er« sich schlafen legt, wie Tariq blumig erklärt.

Ein Schwanz-Stein. Er reibt ihn zur Demonstration an seinem Daumen, auf und ab. Und, das sei jetzt wichtig: Erst zwanzig Minuten vor dem eigentlichen Einsatz solle ich ihn auftragen. Er hält mir den Stein entgegen: »Probier ruhig mal aus.« Die Nacht bei einer Hure sei teuer, meint Tariq noch, um einen letzten Beweis anzutreten, um doch die Oberhand in diesem Handel zu behalten, und in so einer Nacht, da wolle man doch alles ausgiebig auskosten, schließt Tariq komplizenhaft. Das leuchtet auch mir ökonomisch ein, ich verabschiede mich, beeindruckt von Tariqs Fähigkeiten als Fänger. Als ich mich noch einmal umdrehe, sehe ich, wie Tariq den Kopf schief legt, ein letztes Angebot, dabei die Augenbraue hochzieht und mir mit dem Stein hinterherwinkt.

Zeit riecht nach irgendwas. Immer speichert unser Gehirn mit einem Duft den Moment des Riechens ab. Mit welchem Sinn verbinden wir mehr Lust, mehr Ekel? Und wie könnte Leben reicher, leichter, mit mehr Freude strömen, als mit allen Sinnen wach wahrzunehmen? »Im Sehen bleibt man, wer man ist, im Riechen geht man auf«, schrieb Adorno.

Das christliche Viertel von Jerusalem riecht nach Weihrauch. Das jüdische nach Zuckerwatte. Das moslemische, ja, das riecht für mich nun immer nach Tariqs »Magic Stone«.

Ich laufe auf der Mauer vom Jaffator in Richtung Klagemauer. Eine orthodoxe Familie im Gänsemarsch vor mir. Einer der fünf Söhne hält einen Palmenwedel in der Hand. Eine der fünf Töchter knabbert an einer Wolke aus Zuckerwatte. Soldaten mit klappernden Gewehren überholen uns eilig. Auch Alltag.

An der Klagemauer dann, hinter den Metalldetektoren, überrumpeln mich zwei Männer in schwarzen, langen Mänteln. Eine Gabe, natürlich, wer könnte sie hier abschlagen. Für ein Essen – die Kinder. Eine Segnung gäbe es obendrauf. Nur einer von den kleinen Geldscheinen, ja, der, der täte es schon. Ausführlicher Dank für so viel Milde. Der Schein wandert diskret in die Manteltasche. Zufrieden und scheinbar ohne Scham ziehen sie ab. Später höre ich, dass sich Bettler mit langen Bärten und Mänteln in der Medina als fromme Juden ausgeben – um bei meinem schlechten Gewissen abzukassieren.

Acht

Unter Gläubigen und Ungläubigen

Ich gehe die Via Dolorosa hinauf. Im Vorhof der Grabeskirche stauen sich die Menschen und warten, unruhig, wie betäubt. In Gedanken versunken, kein Blick für die Welt. Wollen alle Heiligkeit der Welt einsammeln. Es ist ein grobes Treiben am Heiligen Grab, über das die Griechen wachen. Über allem weht ein Hauch von Panik. Menschen schieben sich voran. Jeder will nah ran an das Geheimnis. Niemand gewährt Vortritt. Einigen Menschen wird der Einlass verwehrt, sie werden wie Fliegen verscheucht. Geheul, Gewimmel, Gedränge.

Durch die dunkle Kirche treibt Weihrauchnebel. Tausend weiche Wachskerzen tropfen. Der Geruch lässt Übelkeit in mir aufsteigen. Frauen mit Kopftüchern fummeln Gegenstände aus Plastiktüten und werfen sich damit auf die Knie, stürzen auf den Stein. Erregung, Flackern in ihren Augen. Kreuzzüge, Kriege, Passionen. Es muss doch wahr sein, das Grab beglaubigt doch jeden Glauben. »Und was das Glauben angeht, so kann ich alles glauben, vorausgesetzt, dass es unwahrscheinlich genug ist«, sagt Oscar Wildes Lord Henry.

Ich bin unbegabt. Für die religiöse Musik Jerusalems. Und für die im Himmel auch. Ich laufe durch die dunkle Medina, an der Stadtmauer entlang, durch die Antike, durch die Gassen, die Gewölbe, die Gänge, durch Torbögen, zur Grabeskirche, zur Klagemauer. An all diesen Wundern vorbei, durch diese Wunder hindurch. Doch die wahre Schönheit Jerusalems zeigt sich mir nur schüchtern.

Auf dem Dach meines Hospizes finde ich weniger Weihrauch, sehe lebendiges Licht. Die bekannten Geräusche der Glocken. Der Geruch von Granatapfel. Dann ein Moment, und Frieden fliegt vorbei. Das helle Licht, die warme Luft und der Anblick von Natur, der wüstengelbe Himmel und die ockernen Berge, die Jerusalem einrahmen. Mächtiger, größer, stärker als die Mauer. Stille Freude, als ich allein auf dem Dach sitzend in mein Tagebuch schreibe.

Wollte ich an ein leeres Grab glauben? »Schöpferisch sein, bedeutet zweimal zu leben«, schrieb Albert Camus. Und Henry Miller sprach von tausend Toden, die ein Schreiber stirbt. Jetzt weiß ich: Ich lebe lieber und sterbe dabei tausend Mal. Ich glaube, ja, an etwas, das Beziehung, Verbindung herstellt. Aber nicht als *akedah*, als Bindung. Ich vertraue auf meine Sinne, mein Denken, meine Vernunft und mein geistiges Vermögen. Das Schreiben. Meine Freiheit zu schreiben. Und etwas, das mich immer wieder retten wird: die Schönheit der Natur.

Später, bei einem Abendspaziergang, verirre ich mich im Labyrinth der Medina und treffe Hanna. Der magere Mann sitzt auf der Schwelle eines Steinhauses. Die Tür steht offen. Warmes Licht. Er trägt einen blauen Trainingsanzug, Badelatschen und Dreitagebart. In seinem kargen Zimmer stehen ein Bett und ein Tisch, auf dem ein Kassettenrekorder abgestellt ist. Mit dem hört Hanna abends französische Chansons, Jacques Brel, Charles Aznavour, Yves Montand. Das ist seine Freiheit. Verschmelzen mit den köstlichen Klängen aus Paris.

Ein Kreuz an der Wand. Hanna hat sechs Kriege erlebt. Er ist müde, ihn plagen Schmerzen. Der Rücken. Hanna wartet auf eine Operation. Er, der Ingenieur, will nicht mehr mitbauen an der Zukunft des Landes, will Israel verlassen. Er habe keine Frau. Es gebe keine Arbeit. Doch wohin mit ihm? Und mit seinem Glauben? Seine Haustür stehe immer offen, sagt Hanna. »Wir alle sitzen doch bereits in einem Gefängnis.« Ich bin auch Gefangener, habe aber Glück: Es sind nur meine Gedanken.

Als ich wieder aus der Medina herausfinde, tanzen orthodoxe Juden vor dem Jaffator zu Punkmusik. Gibt es an diesem Ort Freude? Pilger, Soldaten und Touristen strömen durch die Tore aus der Altstadt hinaus. Vom Jaffator aus finde ich den menschenleeren Weg zurück zu meinem Hospiz. Ich lege mich schlafen. Nachts ist es kalt in Jerusalem. Man friert auch unter Decken. So richtig ruhig wird es in der Medina nur für ein paar Stunden, tief in der Nacht. Noch vor dem Tag sind die Rufe wieder da. Dann gehen die Glocken. Dann erst fällt Licht ein. Und Jerusalem wird weiter glühen.

Neun

Zwischengelandet

Es ist schon dunkel, als ich einchecke. Schärfste Kontrollen, kein Lächeln zum Abschied, nur mein Gepäck. Ich hatte Israel gestreift. Weiter nach Delhi, dann Kathmandu, um von dort in den Himalaja aufzubrechen. Die Maschine würde zwischenlanden, in Taschkent, Usbekistan.

»Hast du Jerusalem besucht?«, fragt Eggi, die an meiner Seite sitzt. In ein paar Tausend Fuß Höhe, wie immer jedes Gefühl für Bewegung verlierend. Die Brasilianerin ist Lehrerin, mit einem Israeli verheiratet, sie leben mit ihrem Sohn in Tel Aviv. Der organisiert Demos auf dem Rothschild Boulevard, wo sie gegen die zu hohen Mietpreise rebellieren.

Ich wollte einen ersten Anlauf nehmen, wissen, worum es da in Israel gehe, berichte ich. Eggi lächelt und winkt ab.

»Wie lange warst du da?«, fragt sie.

»Zwei Wochen.«

»Zwei Wochen, um Jahrtausende zu verstehen?«

Dann sagt Eggi einen Satz, den ich mehrfach hörte in Israel: »Ich lebe fast mein ganzes Leben hier. Ich verstehe noch immer nichts davon.«

»Was kannst du tun?«

»Nicht darüber nachdenken.«

Dann lacht Eggi wieder. Und Israel schenkt mir zum Abschied doch noch einmal Reiseproviant, den ich gut brauchen kann.

Zwischenlandung Taschkent. Dschingis Khan war da, die Chinesen, die Araber, die Russen. Lenin bildete hier seine »Indische Freiheitsarmee« aus. Der Plan: von Taschkent aus Revolutionäre über Afghanistan nach Britisch-Indien einschleusen.

Zwei Uhr morgens. Nebel, verschwommene Lichtpunkte und Armeeuniformen auf dem Rollfeld. Die bullige Frau blättert in meinem Pass. Ich hatte sie schon einmal gesehen. In irgendeinem Agenten-Film. Nicht schon wieder, denke ich, kann ich da was helfen, frage ich. »Is there a problem?« Ein trübes Gefühl von 100-Jahre-usbekische-Haft knarrt in meinem Kopf. Will man ja nicht. Darum frage ich besser nach. Die Frau spricht kein Englisch. Eine andere Bullige kommt, das Haar hochgesteckt, sie macht roboterhafte Gesten. Ich solle mal mitkommen, bitte. Nicht schon wieder, denke ich erneut. Galina steht auf dem Namensschild, und widerstrebend muss ich hinter Galina und ihrer Uniform und den strengen Haaren her. Wir steigen Stufen hinauf und gehen durch Gänge, biegen irgendwann ab. Das Schild »Connecting Flights« – in die entgegengesetzte Richtung weisend. Kaltes Neonröhrenlicht flackert im Gang. An dessen Ende eine gesicherte Tür. Mein Pass in Galinas Hand. Ich erwarte eine Einzelbefragung von humorlosen Offizieren, ein scharfes Verhör und Rauchverbot. Kurzum: Probleme. Dann zieht Galina eine Plastikkarte durch einen Schlitz und tippt einen Code ein. Die schwere Tür öffnet sich – zum Paradies.

Vier Stunden später: Galina hat mich in der First Class-Lounge abgesetzt. Ich wurde für den Delhi-Flug in die First-Class umquartiert. Irgendwas sei da mit dem Ticket gewesen, untröstlich, wiedergutzumachen – genauer höre ich nicht hin. Sitze heiter in tiefen Ledersesseln bei Wodka und anderem selbst gebrannten Schnaps. Den Pass in meiner Hemdtasche im Blick. Ein gefülltes Glas in der Hand. An der Bar singen wir usbekische Volkslieder. Herrlich! Usbekistan – das schönste Land der Welt.

INDIEN

Bunte Welt ohne Regeln

Zehn

Eine Nacht in Delhi

München, ein paar Wochen vor meiner Abreise. Wie immer trank ich mit dem indischen Verkäufer im Asia-Shop noch einen Chai-Tee am Tresen, die Tüte mit frischem Koriander, Kardamom und Zitronengras in der Hand. Was nun kam, verblüffte mich. Als Hindu konnte er es lässig angehen lassen. Alles regelte das Karma. Ungefragt und smilend gab er mir dennoch einen Rat. Bei den Hindus, hieß es immer, gebe es keine Schuldgefühle, sie seien jeder Verantwortung enthoben, pfiffen auf Disziplin. Nun bekam ich seinen Rat, und der betraf ein fremdes Nervensystem, ein Meer der Beschwerlichkeiten, einen Planeten der Götter – Indien. Er könne nur diese einzige Überlebensempfehlung aussprechen, lachte er, für eine unversehrte Reise durch seine rätselhafte Heimat. Ich solle in eine rohe Zwiebel beißen – und wichtig, nein: entscheidend sei dabei, dies zu tun, noch bevor ich auch nur einen Fuß auf indischen Boden setzte. Wie übermütig, einfach loszufahren. Hätte ich seiner Weisheit vertraut, vielleicht wären mir viele Kümmernisse erspart geblieben.

In Delhi braucht man Nerven und das passende Überlebens-Werkzeug im Rucksack. Zu gerissen die Armee der Kopfwackler, die sich mit einem »Hello my friend, hello!« in den Weg rammen. Zu viele Kinder, Frauen und Männer, die auf der Straße liegen. Zu viele, die einen anfassen, anstarren oder um ein paar Reiskörner oder Rupien betteln. Die zerren, die zehren. Niemand kann ankommen in Delhi. Weil es ein Fluss ist, und jeder fließt mit, fließt durch. Oder man scheitert, sinkt in der Strömung bis auf den Grund. Man kann es als Besucher in Delhi mit John Burroughs' Erkenntnis versuchen: »The tone in which we speak to the world, the world speaks to us.«

Mein Fahrer setzt auf Hupen. Die zweispurige Fahrbahn teilen sich zwei Trucks und zwei Tuk-Tuks. Mein Fahrer will überholen, will da durch. In Indien gilt das Recht der kreischenden Hupe. Die lauteste hat Vorfahrt. Wir fahren in dieser Nacht zum Hotel, an den Slums vorbei. Kilometerlang. Bunt bemalte Trucks und Busse blasen ins Horn, denn mit »Horn Please!« werden die Fahrer in Schönschrift von jedem Fahrzeugheck aus zum Hupen aufgefordert. Doch – bereits jeder weiß von diesem Trick. Reine Verschwendung. Das Hupen will nie aussetzen.

Ich höre meinen Fahrer sprechen und kann meine Augen nicht losreißen vom Wegesrand, von dieser versunkenen Zeit, den Hütten, Ruinen, Skeletten, den Holzkarren, den Motorradtaxis, dem umgekippten, qualmenden Truck, den gelben schaukelnden Affen, den cricketspielenden Jungs in weißen Dhotis am Fahrbahnsaum, dem schlafenden Mann auf der Mülltonne, dem braunen Leib, der einen Eisblock auf der Schulter bewegt, der lavierenden Frau, mit vier Kindern und Blumen beladen, die ihr Fahrrad in diesem Strom vorwärtstreibt – da, plötzlich, müssen wir einer Kuh ausweichen, die mitten auf der Stadtautobahn liegt, mager, mürrisch, irgendwelchen Müll malmend.

Schon bin ich also in dem bunten Meer versunken, verschluckt worden, und ich weiß nicht, wie tief der Grund liegt. Ist es möglich, dass allein die Ankunft in Indien etwas in mir verändert? Als Reisender bin ich schlagartig nicht mehr an die Regeln meiner eigenen Kultur gebunden. Mehr noch: Hier haben sich ganz andere Werte angedickt. Hier spielt die Symphonie fremder Normen. Hier atmen sie, trotz Chaos. Wenn eine Reise eine magische Kraft verleiht, dann diese: Ich bin frei zu tun, was ich will. Denn noch etwas wird mir plötzlich klar: Als Reisender bin ich auch befreit von den Regeln jeder mir unvertrauten Kultur. Niemand pocht auf Einhaltung, erstickt mit Erwartungen. Dieses Zwischendrin-Sein ist befreiend, Freiheit, so kann ich frei sein. Ein Leben nach meinem Wertemix, meinen Entscheidungen. Und doch gilt es, immer andere Werte und Regeln und jede Vielfalt zu akzeptieren. Zuschauen und zulassen.

Ich beziehe mein Zimmer in einem kleinen sogenannten Hotel, einer halben Ruine, nahe dem Connaught Place in Neu-Delhi. Der

Hotelier löffelt Linsensuppe und macht eine Kopie von meinem Pass. Weil man von einem Pass eine Kopie macht. Die Briten haben ganze Arbeit geleistet. Ich folge ihm hinauf, durch Flure und Gänge. Nur schimmerndes Licht, immer das Surren. Wir steigen über einen im Gang schlafenden Mann hinweg. In meinem Zimmer steht ein Holzbett. Auch die Wände sind mit dunklem Holz verkleidet. Der Raum hat kein Fenster. Ein Schlauch und ein Eimer und Kacheln, das ist die Dusche. Ein Fernseher ist unter die Decke geschraubt. Der Mann von der Rezeption präsentiert, nicht ohne Stolz, sämtliche verfügbaren Sender. Dann, endlich allein, kann ich meinen Rucksack in die Ecke schieben. Es gibt nicht viel einzurichten. Ich suche von den hundert Schaltern auf der Fernbedienung den einen, der die ratternde Klimaanlage zum Schweigen bringt, die nichts als Schwüle verteilt, und lege mich auf das Bett. Die Laken riechen feucht. Schweißränder sind sichtbar. Es sind nicht die einzigen Beweisstücke von Leben. Ich höre es atmen, schnarchen, rauschen. Der Blumenkranz auf dem Nachttisch. An Schlaf ist nicht zu denken in dieser Nacht in Delhi.

Elf

Das dritte Auge des blinden Mannes

Meine Rebellion gegen Delhis Unannehmlichkeiten bekommt Risse. Das Fieber steigt. Wenn ich es recht betrachte, dann habe ich in meinem Leben bisher Sorglosigkeit mit Mut und Bequemlichkeit mit Glück verwechselt. In Indien gewinnt alles an Kontur und Schärfe. Delhi atmet aus und ich das Leben ein.

Es ist am Abend, als ich über meinem Aloo Palak sitze, Kartoffeln mit Spinat, schweigend meinen Masala-Tee trinke und staunend aus der schmalen Garküche hinaus auf die Straße blicke. Aus den Gassen und Gossen strömt es: der würzige, vielschichtige Duft, der

Delhi erfüllt, die reinen, natürlichen Geräusche, von Mensch und Tier gemacht. Und unzählige schwarze, braune und grüne Augenpaare fangen jubelnd deine Blicke auf.

Mir fällt ein blinder Mann auf. In Lumpen gekleidet ist er, einen roten Turban auf dem Kopf. Seine Haut ist braun, rostbraun. Indien wird regiert von den Brauntönen dieser Welt. Wie ein monochromer Regenbogen. Von der tabakbraunen Gewürzmischung Garam Masala bis zur rostbraunen Haut des blinden Mannes.

Um den dürren Alten herum ist freier Raum. Wo er hinkommt, teilt sich das Wirrwarr. Das ist erstaunlich. Die schmalen Gassen von Delhi sind verstopft: von immerzu drängenden Menschen, fressenden Tieren, hupenden Motorrädern, von miefendem Müll. Der Alte schiebt sich die Gasse entlang und steuert sicher in die Garküche, in der ich gebannt hocke.

Mein Blick bleibt an dem Mann haften. Er lässt mich nicht mehr los. Als er eintritt, scheint er mit seinen großen blinden Augen direkt in mein Innerstes zu sehen. Habe ich in meinem Leben schon einmal so viel Lebensfreude gesehen? Was für ein Vergnügen, im Gesicht dieses blinden Mannes zu lesen! Der Alte setzt sich an meinen Tisch und nickt mir zu. Er schaufelt die Speisen in sich hinein und kaut dann langsam und gründlich. Ein Mann, der ruht. Dann hebt er seinen Kopf in die Höhe und wendet sein Gesicht in meine Richtung.

»You like India, my friend?«, fragt der Alte. Er fragt weiter, nach Namen und Herkunft, ohne eine Antwort zu erwarten.

Pflichtbewusst spreche ich meinen Namen in die schwüle Nachtluft.

»Today is a gift. But your voice sings sad sounds, my friend.«

Ich bin stumm vor Staunen. Worte, die mich enttarnen. Seit der Nacht pfeifen meine Bronchien, bin ich fiebrig. Bin wie der Mann, der mir gegenüber sitzt, um einen guten Teil meiner Sinne beraubt. Sorge keimt in mir auf, in Indien ernsthaft zu erkranken. Doch diese Sorge fühlt sich schlagartig winzig an, als ich in das Gesicht eines blinden Mannes sehe, der sein Leben in diesem unvorstellbar wirren Knäuel meistert, das sie Delhi rufen.

»Do not worry, my friend«, sagt der Alte. »The evil is always around. But in India we say: If it is not good yet, it is not over.«

Ich kann nicht sagen, warum, aber ich vertraue diesem Mann. Nur verheiratete Frauen tragen in Indien ein Bindi, doch auf der Stirn des Blinden scheint ebenfalls ein unsichtbares drittes Auge zu thronen. Um die wesentlichen Dinge wahrzunehmen.

Wer in der Fremde feststeckt, richtet schärfere Fragen an das Leben. Solche, die sonst unter einem gewaltigen Klangteppich verhallen. Der Reisende ruht nicht und will wissen: Was ist das Minimum des Lebens? Und was davon gehört mir? Die Gesundheit? Das Augenlicht? Ein Wort?

Ich bin kraftlos und matt. Der alte Mann zahlt beim Rausgehen mein Essen und dirigiert mich durch die verwinkelten Gassen zu meinem Hotel. Ich hatte ihm vertraut, von Anfang an. Und dabei einen Freund gewonnen. Der Reisende muss das tun. Muss Mut beweisen und vertrauen. Mehr hat er nicht. Bequemlichkeit und Sicherheit existieren nicht. Mut und Vertrauen sind ihm wahre Gefährten, sind Klauen und Fallschirm zugleich. Die Schriftstellerin Anaïs Nin wusste: »Life shrinks or expands in proportion to one's courage.«

Der Alte entfernt sich grußlos, und ohne dass ich ihm für seinen ansteckenden Lebensmut danken kann, verschluckt ihn das Menschendickicht von Delhi.

Zwölf

Indisches Fieber

Ich schlief, als das Fieber die Macht übernahm. Wann würde es enden? Würde es enden? Fragen, die wie auf einem Kohlegrill in meinem Kopf glimmen. Wie viel Zeit wohl vergangen war? Der rauschende Ventilator, die irre indische Hitze und mein frierender Körper, zitternd, Neonlicht aus der Duschzelle, die nassen Laken. Die Qual. Der lachende Blumenkranz auf dem Nachttisch. Warum war ich gekommen? Fragen. Daran erinnere ich mich noch.

Jetzt döse ich. Muss mich seit Stunden immer wieder übergeben, meine Glieder und mein Magen schmerzen. Das Fieber ist indisches Fieber. Ein verschwommener Blick auf die Uhr. Zwei Uhr. Morgen, in aller Frühe, geht mein Flieger nach Kathmandu. Ich fühle meine Körpertemperatur weiter steigen. Der Alte wusste es: Es ist noch nicht vorbei.

Ich schwimme nur so durch die Bilder. Der Sikh, lila Gewand und pinker Fahrradhelm auf dem Kopf, ein kirpan, ein Silberschwert, in der Hand, still stehend; die junge Frau, verfilzte Haare, das dreckige Kind auf dem Arm, den Topf aus Blech in der Hand, leer; ein Mann, niedergestreckt auf der Mitte der Straße, regungslos; tollende, lachende Straßenkinder; nackte Füße, bunte Seidenstoffe, goldene Ringe; Blumenkränze, Radios, weiße Kacheln; Landkarten aus bröckelndem Putz; Holzveranden mit Schnitzereien und Bögen; Shiva, lächelnd, Ganesha, feixend; heilige Kühe, quiekende Schweine, diebische Affen, bimmelnde Glöckchen; Oberlippenbärte, langes schwarzes Haar, kurzes schwarzes Haar, scheinendes Haar; Dunst, Qualm, Nebel; graue Milch, orangene Girlanden, weiße Bärte; Fahrräder, Dreiräder, hell klingende Fahrradklingeln; goldene Kuppeln, rote Mauern; Dal und Dreck, Dal im Dreck; Pfützen, Lachen; eine Suppenkelle; hallende Schreie; wackelnde Köpfe, gesenkte Köpfe, Köpfe ohne Hals; starrende Augen, glotzende Blicke, zerrende braune Hände, kauende und lutschende Münder; Menschen, überall Menschen.

Ich schwimme auch durch meinen Ekel. Die Übelkeit. Durch jeden Geruch. Durch Butter, durch Müll, Urin und Benzin, durch Linsen, Ingwer und Curry, durch Holz und Eisen und Tümpel, durch feuchte Laken. Die Krämpfe. Meine Temperatur steigt weiter.

Fragen. Ich suche nach Sinn. Weil ich in Indien bin, könnte es doch gut sein, dass in einem der Nachbarhäuser ein Guru haust, möglich, dass uns nur die dünne sprechende Wand meines Hotelzimmers trennt, und der Guru nun also eine Art Inventur meines Lebens vornimmt, um zu ermitteln, wie es um meinen Glückskoeffizienten im laufenden Leben bestellt ist, und zu der Einsicht gelangt, dass es besser sei – im Hinblick auf Karma und weitere Leben und so –, alles, was sich in meinem Körper befindet, herauswandern zu lassen. Aller angestauter Gedankenmüll und alles andere gleich mit. Alte Seele raus, neue Seele rein. Obwohl ich von solcherlei Dingen gehört hatte, will ich nicht allein auf das vertrauen, was man so hört. Und entscheide, eine medizinisch geschulte Kapazität einen Blick auf die Sache werfen zu lassen. Warum, in Shivas Namen, hatte ich nicht in eine Zwiebel gebissen?

Ich stehe vor einer heruntergekommenen Garage in einer finsteren engen Gasse, der Rollladen halb geöffnet. Menschen liegen auf dem Boden. Drinnen soll der Doktor sein. Ich schaue nach links. Neben der Garage ein Schrotthändler. Es riecht nach Eisen und Motorenöl. Ich schaue nach rechts. Ein Schlachter. Es riecht süßlich, nach Blut. Wenn es nur schon vorbei wäre. Der Mann drinnen lacht mich an. Das soll mir Mut machen, nehme ich an. Ich sitze auf einem Holzhocker. Der Mann streift einen weißen Kittel über, blättert in einem Buch, das er aus dem Regal gegriffen hat, und ist nun Doktor. Beiderseitiges Hoffen auf die Annäherung an eine Diagnose.

»Meinen Arm?«

Der Doktor will mich bewegen, einen Arm herzugeben, er müsse Blut abzapfen. Nun gibt es eine Sache, die ich hier nicht tun werde:

einen Tropfen Blut hergeben. Dann wackelt der Doktor mit dem Kopf, guckt zerknirscht – oder liege ich falsch: enttäuscht? –, schaut dann noch einmal in das Buch. Ah, hier haben wir es, sagt der Doktor und tippt dabei ausgiebig auf eine Seite in seinem Buch.

Das Fieber könne Dengue-Fieber sein, so der Doktor. Der zweite Teil seines buchbasierten Befundes: »Scabies«. Ich schleppe mich durch die schmale Gasse, die – vielleicht – zurück zu meinem Hotel führt. Es dämmert, es ist finster, alles sieht gleich aus. Alles ist dumpf, trüb, verschwommen. Alles ist Qual. In dem winzigen Internet-Café neben meinem Hotel brennt noch Licht. Ich gehe hinein und setze mich an Rechner Nummer Drei, weil nur hier das @-Zeichen nicht hakt. Ich schreibe eine Mail. Und ich google, was Scabies bedeutet: Krätze.

Und das war Indien. Und es war noch nicht vorbei.

NEPAL

Sehnsucht nach Käsekuchen

Dreizehn

Licht und Schatten in Kathmandu

Kathmandu liegt im Schatten. Im Vorgarten thront der Himalaja. Wie ein stürmisches Meer aus Felsen. Von dort oben strahlt mächtige Schönheit. Die Stadt riecht nach Räucherstäbchen und Unrat. Hunde streunen durch Straßen und den Müll. Affen balancieren über Stromkabel. In den Gärten singen Vögel. Immer ist ein Glöckchen zu hören. Ein Mann eilt vorbei, es macht Miau in der Plastiktüte, die er trägt. In jedem Tempel, vor jeder Fassade, in jedem Garten, an jeder Ecke eigentlich, gehen Gebete und Gaben umher. Reis rieselt auf Brahma, Shiva und Vishnu. Vom Ufer des Bagmati der Qualm der Scheiterhaufen. Es ist kalt, die Luft feucht. Kathmandu liegt auf einer Höhe von 1300 Metern. Nepalesen laufen in Flipflops durch den Dunst.

Das Lhasa Guesthouse liegt in Thamel, dem alten Hippieviertel von Kathmandu, in dem die Bergsteiger und Wanderer aus dem Westen absteigen, bevor sie Kurs auf die höchsten, schönsten oder heiligsten Gipfel unseres Planeten nehmen: Ama Dablam, Gokyo Ri, Kala Patthar, Mount Everest. Die Fassade des Lhasa Guesthouse ist mit Holzschnitzereien versehen. Hinduistische Götter blicken auf mich hinab, als ich eintrete. An der Rezeption bekomme ich eine Schale mit milchigem Tee. Es riecht nach Zitronengras. Ich möchte in meinen Schlafsack kriechen und schlafen. Und hier für ein paar Tage überwintern. Die Augen fallen mir zu. Doch mit aller verbleibenden Kraft schiebe ich meinen Rucksack in das Zimmer. Dann schleppe ich mich die Treppe hinunter. Auf der Straße Tamburin- und Geigenklänge, Männer spielen Musik, überall leuchten Kerzen. Heute ist Diwali, das Fest des Lichtes. Weiter zur Hauptstraße, um ein Taxi zu stoppen. Mein erster Weg führt in die kleine internationale Klinik in Lainchaur. Denn ich muss entscheiden, ob ich in drei Tagen zum Base-Camp des Mount Everest aufsteigen werde.

Vierzehn

Heimat des Schnees

Noch 700 Meter bis zur senkrechten Felswand. Ich blicke dem Piloten der Twin Otter über die Schulter. Propeller dröhnen, meine Ohren schmerzen, der Druck. Wir steigen auf 3500 Meter. Zu sehen ist nichts. Es ist ein Blindflug: Ein schwerer Nebelvorhang verhüllt die Schwelle zur Landebahn. Vor der Schwelle droht der steile Abgrund, am Ende der Piste die Felswand. Als die Maschine mit den Rädern auf dem Boden aufsetzt, sind wir durch den Nebelvorhang gebrochen, und ich kann erkennen, wie jetzt das Ende der Piste auf uns zu donnert. Die Steigung, die Schubumkehr – sie bringen uns zum Stehen.

Am Ende des 600 Meter langen Asphaltbandes rollen wir vom Flugfeld, sind auf einem der gefährlichsten Flugplätze der Welt gelandet. Ich schaue zurück. Eine Maschine der Yeti Airlines setzt an der Schwelle der Landebahn auf und schlingert bergan. Wir rollen weiter, vorbei an Piloten in Fliegerjacken, eine Zigarette im Mundwinkel. Waren werden gelöscht: Säcke mit Reis, Zucker, Dosenbier, Mars-Riegel. Trekkinggepäck stapelt sich. Ein Mann mit faltiger, auberginefarbener Haut sitzt auf einem Stapel Steine und grinst. Die Berge bleiben verhüllt von einer dichten Nebelwand. Ich atme kalte Luft, die wohlig meine Lungen flutet. Die Luft riecht nach brennendem Yakdung. Das also ist es, Lukla.

Wir betreten eine Welt der Entbehrung. Der Himalaja ist die »Heimat des Schnees«, so beschreiben sie das Felsenmeer in Sanskrit. Der Himalaja ist heilig.

In Lukla reihen sich die Lodges aneinander, kleine Pensionen und Teestuben. Der schmale Weg vor mir, der Weg zum Everest. Er führt zwischen den Lodges aus Stein und Holz hindurch und ist verstopft von Yaks, Kühen und Hunden. Jeder hat etwas zu transportieren. Frauen in Röcken tragen geflochtene Körbe, »dokos«, auf dem Rücken, die sie mit einem Riemen um die Stirn hängen. Die Arme sind über dem Kopf verschränkt. Ein Alter trägt ein Bündel Hühner über der Schulter. Auf einer Plane wird ein Rind geschlachtet. Das Blut fließt mir in einer Rinne am Wegesrand entgegen. Weiter oben stehen Männer um ein quadratisches Holzbrett. Sie schnippen Steine mit dem Finger, um sie in den Löchern am anderen Brettende zu versenken. Glücksspiel in Lukla ist Männersache.

Das leuchtende Gelb war gleich durch den Nebel hindurch zu erkennen. Dann sehe ich sein Gesicht, sein Lachen, seine Heiterkeit. Nuri ist Sherpa. Und wird mein Gefährte sein in dieser fernen Gegend, diesen fremden Höhen, einem Ende der Welt. Er ist ein kleiner Berg-Mann mit kräftigen Beinen, steckt in einem leuchtend gelben Anorak, einer grauen Anzughose und Nike-Turnschuhen. Die ebenfalls gelbe Wollmütze tief im Gesicht. »Namaste« ist das erste Wort, das Nuri zu mir sagt. Es sei ihm eine Ehre, meine Seele zu treffen. Namaste – in jedem Menschen wohnt ein göttlicher Funke. Aber eigentlich sind es seine Augen, die zu mir sprechen. Und sein stetiges Zwinkern.

Wenig später brechen wir auf. Die Träger verladen meinen schweren Rucksack auf dem Rücken eines Yaks. Ich trotte hinter der Yak-Karawane her. Und verliere meinen Atem, er geht sofort kurz, schon bei der geringsten Bewegung. Der Doktor in Kathmandu hatte sein OK gegeben, mein Fieber war weg, meine Erkältung kaum noch zu spüren gewesen. Und nur wenige Schritte nach der ersten Gebetsmühle, plötzlich: Schwindel. Bald werden die Kopfschmerzen schlimmer. Ich taumle voran. Ich atme langsam und ich atme tief, wie ein Yogaschüler. Wie ein Anfänger, wie einer, der das Atmen erst lernen muss. Trotzdem bleibt kaum Sauerstoff in meinen Lungen haften. Das Brennen. Jeder Schritt quält. Die Wanderstiefel kleben wie Blei an meinen Füßen. Ich blicke auf den Boden, immer genau einen Meter voran, weil sonst der Schwindel wieder aufsteigt. Aus den Augenwinkeln erkenne ich unten am Fuße des Berghangs meinen rauschenden Gefährten: den Dudh Kosi mit seinem leuchtenden mintgrünen Wasser. Das ist das Einzige, was ich erkennen kann. Wie ich es zu unserem Schlafplatz, der drei Stunden entfernten Lodge in Phakding schaffte, kann ich nicht erinnern. Nur die dichten Wolken.

Endlich Wärme. Ein Knistern. In der Mitte der Lodge steht ein Ofen. Ich sitze dicht vor dem Feuer und schütte zwei Thermoskannen Zitronentee in mich hinein. Wenig später gibt es Dal, das Linsengericht. Inzwischen ist es dunkel, und ich verlasse schwankend die Lodge, steige noch einmal einige Höhenmeter hinunter, hoffe, damit den Schwindel und Kopfschmerz zu lindern. Ich komme an einem Haus vorbei. Aus dem Fenster fällt warmes Licht. Auf der Terrasse des Hauses ein kleiner Junge. Ich verharre und schaue ihm beim Spielen zu. Über dem Haus die Wolken, die am Nachthimmel hängen. Eine mondlose Nacht. Wie still und friedlich es ist. Ich bemerke es erst beim Blick in den Himmel. Ich denke an die Pointe meiner Situation: Aufgebrochen in die Freiheit, um mehr Gleichgewicht zu finden, stehe ich nun auf 2800 Metern Höhe, und irgendetwas hatte mir meinen Gleichgewichtssinn geraubt. Ich muss lachen. Da hört mich der Junge und stimmt in mein Lachen ein. Eine Lachgemeinschaft am Ende dieses Tages. Ich gehe zur Lodge zurück. Ein Holzverschlag mit einem Fenster im oberen Stockwerk ist mein Schlafplatz. Kondenswasser rinnt. Ich krieche mit Thermounterwäsche in den Schlafsack, lösche das Licht meiner Stirnlampe und falle trotz hämmernder Kopfschmerzen in einen bleiernen Schlaf.

Am zweiten Tag dringe ich noch tiefer in die Hölle vor, weil wir nach Namche Bazar aufsteigen. Der Anstieg ist besonders steil. Das Bergdorf liegt auf 3500 Metern Höhe. Der Kopfschmerz ist fort. Doch ich muss mich auf jeden Schritt konzentrieren. Ein Schritt. Noch einer. Weiter. Höher. Mein Atmen ist ein Keuchen. Jemand hat auch heute die Berge in Wolken eingehüllt. Mintgrüne Milch begleitet mich weiterhin. Immer wieder fesselt das Leuchten des Dudh Kosi meinen Blick. Bunte Gebetsfahnen sind an die schwankenden Hängebrücken gebunden, die wir mehrfach überqueren müssen, weil die Schluchten tief hinunterstürzen. Mir wird meine Einsamkeit bewusst: Ich bin allein, vollkommen auf mich selbst gestellt, muss von meiner eigenen Kraft und Substanz zehren. Hier in der Höhe hat sich mein Leben schlagartig auf das Wesentliche reduziert. Hier oben werde ich daran erinnert, mein eigenes Tempo zu finden, meinen Rhythmus. Dass es auf einfache Handlungen ankommt. Dass vorüberziehende Zeit keine Rolle spielt. In der Welt, aus der ich komme, übt die Gesellschaft Kontrolle über meine Disziplin aus. Hier oben blickt die Natur mich gleichgültig an, die ganze Last liegt auf mir selbst. Jeder Schritt ist mein Maß des Möglichen.

Bevor das weite Amphitheater Namche Bazar über mir auftaucht, stapeln sich steile Serpentinen vor meinen Augen. Ich fange an zu fluchen. Muss anhalten, schrumpfe, weil mir die Luft ausgeht, sinke auf den Boden. Ich schaue mich um. Es ist mein erster Blick für die Wälder. Ich sehe eine dampfende Wildnis. Die Wolken hängen auf dem Dach des Waldes. Mit dem nächsten Atemzug rieche ich den gewaltig grünen Duft der feuchten Nadelbäume. Es riecht nach Erde. Das Rauschen des Windes, es kommt in Wellen. Hunde bellen in der Ferne. Ich denke einen langen Moment darüber nach, wann ich das letzte Mal die Sonne sah, wann mich Wärme küsste. Der Hunger meiner Sinne vergeht nicht. In den Bergen schenkt einem die Natur nur kurze Freuden. Ein fröhliches Sherpa-Mädchen läuft in Flipflops an mir vorbei. Ein »doko« auf dem Rücken, mit Feuerholz gefüllt. Sie spricht das Mantra »Om mani padme hum« vor sich hin, ein Gebet an Chenrezig, den Gott des Mitgefühls. Das Mädchen rennt die lange Steigung hinauf. Ich schwitze und fange an zu frieren. Staub liegt in der Luft, weil Yaks vorbeiziehen. Ich blicke den Anstieg hinauf. Dann stehe ich auf und tue die fehlenden Schritte bis Namche, wo ich Berggipfel, Sonne und Schnee vermute, wo ich sehen will, wie die Sonne den Schnee schmilzt.

Fünfzehn

In Namche-Nebeln

Ich bin da, bin in Namche angekommen. Mein Wille jubelt über diese Ankunft. Meinen brennenden Lungen steht der Sinn nach mehr Luft. Meine Haut will eine heiße Dusche, mein Kopf ein Stück Käsekuchen aus der deutschen Bäckerei. Ich habe vorübergehend das Gefühl, meine Höhenkrankheit irgendwo unterhalb von Namche abgeschüttelt zu haben. Ich bin froh. Meine Stimmung schwankt zwischen feierlicher Zufriedenheit, Unruhe und Ermüdung.

Namche ist voller Nebel. Was ich erkennen kann, sind Steinhäuser, die roten, grünen und blauen Dächer der Lodges, qualmende Schornsteine, Läden, Bäckereien, Pubs, Internetcafés. Die Lodges haben Namen wie *Hill-Ten Hotel*, *Panorama Lodge* oder *Everest View Hotel*. Die Kulisse ist mittelalterlich, das Leben westlich geprägt. Es dämmert. Ich stapfe runter in den Irish-Pub. Sherpas trinken Bier und spielen Billard, Musik von Abba und Coldplay. Dann kommt Radiohead, *The Tourist*: »Hey man slow down, slow down / Idiot slow down, slow down.« Hier klingt der Song wie ein Warnschild, wie eine Hymne für bergunerprobte Wandertouristen. Ich hätte mir noch Morrissey gewünscht: »Die Natur ist eine Sprache, kannst du nicht lesen?«

Eine junge Frau, mit Rock und Schürze traditionell wie eine Sherpani gekleidet, steht hinter dem Tresen. Sie hat große, mandelförmige Augen und hohe Wangenknochen, ein Muttermal auf ihrer bronzescheinenden Haut blitzt über der Oberlippe. Langes schwarzes Haar schimmert, wohl weil sie es mit Butter einreibt. Sie ist hübsch, geheimnisvoll. Ich setze mich an die Bar und sehe dem Mädchen zu. Sie schaut doch noch zu mir herüber, schenkt mir ein Lächeln. Dann kehre ich zur Lodge zurück. Bin betrunken – von der Höhenluft und der Freude. Nebel vor meinem Fenster, das Mondlicht. Ich ziehe meine Wanderstiefel aus und schlüpfe todmüde mit Klamotten in meinen Schlafsack, den ich bis über den Kopf ziehe. Diese Kälte. Das dauernde Denken. Ich brenne darauf, die höchsten Berge zu sehen.

Den nächsten Tag streife ich durch Namche. Ich entscheide, noch zu bleiben, um mich weiter an die Höhe zu gewöhnen. Mein Körper muss mehr rote Blutkörperchen bilden, mehr Sauerstoff binden. Meine Reisegefährten, die die Höhe besser vertragen, steigen weiter auf nach Khumjung. Ich hocke vor dem Ofen der Lodge, blicke hinaus, Milliarden Gedanken prasseln ans Fenster. Unter mir der Namche-Nebel. Ich erreichte diesen Ort, weil ich meinem eigenen Tempo folgte, weil ich acht gab auf meinen Atem. Ein Gedanke schlägt Wurzeln: Gilt das nicht auch, wenn ich ein freies, reiches, zufriedenes, ja, ein friedliches Leben führen will? Ist Eile nicht Verschwendung? Hier oben, während ich über den Wolken wandere, kann ich nur lernen. Über die Berge, die Wildnis und den Zustand der Welt. Über mein Innenleben. Ob ich eines besitze. Nur mein Rhythmus zählt, das lerne ich auf dem Weg. Tempo runterdrosseln, immer eine Sache zur Zeit, mit allen Sinnen. Momentan heißt das: einen Schritt vor den anderen setzen. Ich lerne das Leben neu. Rilke wanderte und wusste: »Ich lerne sehen. Ich weiß nicht, woran es liegt, es geht alles tiefer in mich ein und bleibt nicht an der Stelle stehen, wo es sonst immer zu Ende war.« Der steile Weg, tausend Schritte Qual. Ich möchte weiterhin jeden Schmerz skippen – minimaler Schmerz, maximales Glück. Doch die Jagd nach einem ewig besseren Zustand, die habe ich aufgegeben. Alles gehört dazu. Zu einem reichen Leben. Man muss nur die Verbindung, das Verwandte sehen. Wahlverwandtschaften schließen. Laufe ich davon? Nein, im Gegenteil. Ich laufe in mein Leben hinein. Ich laufe mir entgegen. Hier oben gibt es nichts. Nur die Schönheit. Sie ist Sehenswürdigkeit, Glück. Und dann habe ich noch eine Hintertür für jene Zustände, die zu ertragen, die auszuhalten sind: Ich schreibe jeden Tag in mein Tagebuch.

Am vierten Morgen warmer Porridge und ein Omelett. Und auch die Nacht scheint mir wieder etwas Kraft eingehaucht zu haben. Wolken verdunkeln den Tag. Ich trete aus der Lodge hinaus, in eine kalte Morgenluft. In meiner Nase brennt jeder Atemzug. Die ersten Schritte sind unsicher. Als würde ich gerade erst das Laufen lernen. Markttag in Namche. Weil die Natur hier oben kaum Dinge hergibt, werden sie herbeigeschafft. Ich wanke hinunter auf eine der weiten Terrassen, wo die Händler warten.

Die Händler kommen aus Tibet. Sie tragen bunte Wollmützen auf den Köpfen und Fleece- oder Daunenjacken, um doch irgendwie der Kälte zu trotzen. In der einen Hand eine braune »Mala«, eine rosenkranzähnliche Gebetskette, in der anderen Rupien. Die Finger sind von einer schwarzen Dreckkruste ummantelt, man müsste mehrere Schichten abtragen. Zwei Männer bei der Begrüßung: Sie verschränken die Arme vor der Brust, verbeugen sich, bis sie sich mit der Stirn berühren. Zeichen tiefen Respekts nach einer langen Abwesenheit. Die Händler liegen lässig auf dem Boden oder hocken hinter ihren Waren. Um die Waren in Namche loszuschlagen, überqueren die tibetischen Händler zu Fuß den fast 6000 Meter hohen Nangpa-La-Pass. Teppiche, Tierhäute und gefälschte Markenschuhe liegen auf Planen und unter provisorischen Zeltdächern aus. Händler fragen, was ich kaufen will. »Ich schaue nur«, antworte ich, weil ich nichts brauche, mein Leib nicht mehr Gewicht schultern kann. Ich jede Kraft für nichts brauche. Weil meine Seele nicht mehr Gerümpel will. Weil mir gerade Landschaften Besitz genug sind. Das Comeback der Einfachheit. Die Händler verstehen mich nicht, für sie hat die Zusammenkunft auf dem Markt immer einen Zweck.

Ein Händler pfeift auf den Fingern. Er ruft ein Yak. Als es noch keine The-North-Face-Jacken und Nike-Schuhe waren, da zogen die Salz- und Getreide-Karawanen Hunderte Kilometer über die himmelhohen Pässe zwischen Tibet und Nepal. Weil der Boden zu karg ist, sind Sherpas und Tibeter auch weiterhin auf einen Tauschhandel angewiesen, um das Überleben zu sichern, vor allem Kartoffeln und Gerste sind wertvolle Güter. Die Händler schaffen die Waren mithilfe der Yaks über die Pässe, denn nur diese Tiere sind so kräftig, dass sie die Lasten in höchsten Höhen tragen und den reißenden Kräften der Flüsse entlang des Weges standhalten können.

Nuri läuft vor mir, der Weg führt hoch zum alten Flugplatz von Namche. Wir setzen uns auf einen Vorsprung und blicken auf die winzigen bunten Dächer herunter. Nuri ist einer der älteren Sherpas. Immer trägt er seinen gelben Anorak, der eine Nummer zu groß geraten scheint, und eine graue Stoffhose. Auf seinem Rücken die Last meines großen Rucksacks. Sein weicher Blick kommt aus mandelförmigen Augen. Nuri ist zäh, immer gelassen, nie jammert er, nie scheint seine Kraft oder Ausdauer zu versiegen. Ich bewundere die geistige und körperliche Kraft für so ein Leben. »Auf den Gipfeln wohnen unsere Götter«, sagt Nuri, und in seinen Augen kann man die Götter sehen. Die Berge und das Gebet, für Nuri ist es eins. »In beiden finde ich Frieden.« Ein Sherpa steigt selten auf einen Gipfel. Zu groß der Respekt, zu innig die Verehrung ihrer Gottheiten. Wenn sie einen Gipfel besteigen, dann aus Vergnügen, um zu opfern oder zu beten. Denn nah sein müsse man den Göttern, sonst könne die Seele nicht sehen. Aber die Höhe eines Berges als herausforderndes, ruhmreiches Abenteuer? Die ständigen Handelsreisen, immer wieder Yaks über die gewaltigen Pässe treiben, das sei mühsam genug. Nuri zwinkert mir zu.

»Unser Leben hat sich verändert«, sagt Nuri und holt sein Motorola-Handy aus der Hosentasche, um mit seiner Frau zu telefonieren. Mit den Bergsteiger-Expeditionen machen sich viele Sherpas heute unabhängiger vom Ackerbau und dem unsicheren Handel mit Tibet. Viele besteigen nun gegen Geld die höchsten Gipfel, als Expeditionsgefährten. Was die Bergsteiger aus dem Westen auf die Berge ihrer Götter treibt, das kann Nuri allerdings nicht verstehen. Ein Aufstieg ist in seinen Augen zu riskant, ohne Sinn – zu nah bei Shiva und den anderen.

Das alte Leben der Sherpas ist in Namche kaum noch zu erkennen. Dieser Ort war undenkbar, bevor Bergsteiger aus dem Westen diese Welt betraten, weil sie den Mount Everest zu ihrem heiligen Berg erklärten. Namche ist ein dritter Pol, ein Außenposten westlicher Bergkolonialisation.

Im Himalaja wehen zwei Lüfte: Sherpa-Luft und westliche Luft. Während Nuri Lieder pfeift und Gebete spricht, keuche ich und ringe nach Atem. Muss mich auf jeden Schritt konzentrieren, darauf, langsam zu laufen und auf jede Stufe bewusst fest aufzutreten. Erst als wir oben auf dem Plateau angekommen sind, der Landepiste des Flugplatzes, habe ich wieder Gelegenheit, die Umgebung wahrzunehmen. Die Aussicht auf Namche ist prächtig. Wie dieses Dorf in den Berg gehauen wurde. Schnee beginnt zu rieseln, frostig ist die Luft. Ich ziehe die Kapuze meiner Daunenjacke über den Kopf. Dann klopft mir Nuri auf die Schulter, ruft etwas und wirft einen Finger in die Luft. Nuri leuchtet jetzt. Sein Sherpa-Land, seine Berge. Eine Flut Blau, plötzlich kommt sie, bricht durch die Wolken, die von den Gipfeln weggerissen werden. Licht. Blendend. Ich blicke nach Osten und sehe das erste Mal in meinem Leben einen Sechstausender-Gipfel. Der Thamserku, »Das goldene Tor«, 6608 Meter hoch. Mit einem Stock ziehe ich Striche in den Schnee:

Morning glory,
the clouds are melting
on the mighty rock.

Endlich also sehe ich, wo ich bin. Der Himalaja, stiller Begleiter, seit Tagen nun, meine Anwesenheit duldend. Doch erst hier genehmigt er mir einen Blick auf sein gewaltiges malerisches Panorama. Indigoblauer Himmel. Steil aufragende Pyramiden. Schneebedeckte Gipfel. Sechstausender, die weitere 3000 Meter über mir thronen. Dann, aufgeregt, deutet Nuri immer wieder auf einen bestimmten Gipfel. Der Berg ist nur ein Fünftausender, doch dem Volk der Sherpas heilig: der Khumbila. Während der Everest seit der Erstbesteigung 1953 tausendfach von Bergsteigern und Sherpas bezwungen wurde, ist zum Gipfel des Khumbila noch nie jemand aufgestiegen. Das macht ihn noch geheimnisvoller. Dann verschwinden die nackten Bergkronen so plötzlich, wie sie aufgetaucht waren, weil Wolken sie sicher verhüllen, wie einen Schatz.

Als die Vorstellung vorüber, der Vorhang gefallen ist, gehen wir hinüber zu einer Lodge am Rande des Flugfeldes. Der Wind peitscht jetzt den Schneeregen über das offene Feld. Ich friere und setze mich gleich vor den Ofen. Wir bestellen Zitronentee und Reis mit Gemüse. Zwei Italienerinnen kommen in den Gastraum. Sie sind Medizinstudentinnen auf dem Weg in das Krankenhaus nach Khunde, das von einem Sherpa geleitet wird. Das Dorf liegt 350 Meter oberhalb von Namche. Ein zweistündiger Aufstieg. Im Himalaja gibt es drei medizinische Probleme für die Menschen, die hier leben, berichtet Sofia. Die Augen sind wegen der starken Sonnenstrahlen sehr anfällig, der weiße Star daher sehr verbreitet. Die beiden anderen Probleme kommen mit den Bergsteigern. Sherpas leiden unter Magen-Darm-Problemen, weil sie das gereinigte Wasser nicht vertragen. Auch die Lungen leiden, weil viel zu viel mit Holz und Yakdung geheizt wird, um die Wanderer und endlosen Expeditionen mit Essen und westlichen Annehmlichkeiten zu versorgen.

Zurück in die Lodge nach Namche. Sherpas sitzen um den Holzofen, der schon wiederbelebende Wärme im Raum verteilt. Ich blicke aus dem Fenster. Der Nachmittagsnebel zieht über Namche hinweg, verwandelt das Dorf in eine Waschküche. Nur wenige Minuten, und es ist nichts mehr zu sehen außer einer weißen Wand. Ich schreibe in ein Buch meine Bestellung für das Abendessen. Männer sitzen auf einer Bank, die mit tibetischen Teppichen ausgelegt ist, und spielen Karten. Eine Frau stillt ein Baby. Morgen weiter nach Khumjung, das auf 3800 Metern liegt. Nach dem Abendessen kaufe ich für zwei Dollar einige Liter heißes Duschwasser und krieche dann sofort in meinen Schlafsack.

Am Morgen sehe ich zum ersten Mal den Berg, der mein Lieblingsberg werden wird, weil für mich von erhabener Schönheit: die Ama Dablam. Auch dieser Berg ist den Sherpas heilig. Der Gipfel ist mit Schnee bedeckt. Ragt endlos in den blauen Himmel. Dass der Everest noch 2000 Meter höher sein soll, ist nicht vorstellbar. Ich denke daran, wie klein, wie unbedeutend ich bin. Staubkornklein. Es ist eiskalt, und wir brauchen zwei Stunden bis nach Khumjung, weil ich immer wieder anhalten muss, offener Mund, um von irgendwoher Luft aufzutreiben. Ich lege einen Stein auf den »Cairn«, eine der zahlreichen kleinen Steinpyramiden entlang des Weges.

Ankunft in Khumjung. Am Dorfeingang kommen wir an der Edmund-Hillary-School vorbei. Von den Dächern der Schulgebäude, den Bäumen und Sträuchern hängen Eiszapfen. Ein Schild weist zum Hospital von Khunde. Unten auf dem Schild steht: *Beware! Altitude Sickness Kills!* Wohin man blickt, ragen Felswände in die quellenden Wolken. Die Häuser stehen wie Schuhschachteln im Tal. Zähe Häuser aus Granitstein, mit Yakdung abgedichtet. Vor einem der Häuser pflügt eine Familie gemeinsam ein Feld um. Sie laufen im Gänsemarsch hinter einem Holzpflug her, vor den ein Yak gespannt ist. Vater, Mutter, das größte Kind, das mittlere, das kleinste. Gestapelter Yakdung zum Trocknen an der Seitenwand des Hauses, der später zum Kochen und Heizen verbrannt wird. Die Felder sind durch aufgeschichtete Granitscheiben voneinander abgegrenzt. So ergeben sich Wege zwischen den Feldern. Wir laufen an Häusern mit grünen Dächern vorbei, die in Richtung Tengboche weisen. Viele Sherpas besitzen Häuser und Felder in verschiedenen Höhenlagen. So sind, aufgrund des Monsunklimas, zwei Ernten möglich. Eine Frau sieht mich aus einem zwei Meter tiefen Erdloch an, in dem sie soeben Kartoffeln ansät. Wegen der Winterkälte müssen sie so tief unter der Erde vergraben werden. Nuri erzählt, wie es zur Sesshaftigkeit der Sherpas kam. Früher waren die Sherpas Wanderhirten, abhängig von Yaks, mit denen man umherzog. Selbst das Blut der Yaks sei Nahrungsquelle gewesen: Aus Salz, Wasser und getrocknetem Yakblut wurden Pfannkuchen gebraten. Dann brachten die Engländer Kartoffeln aus Darjeeling mit. Als die Kartoffel kam, wurden die Sherpas sesshaft. Heute zwingen die Kartoffelfelder viele Sherpas zur ständigen Rückkehr an einen festen Standort und zum Tausch der Ernte mit Dörfern in anderen Höhenlagen.

Wenn wir unterwegs anderen Sherpas begegnen, gibt es keine Geduld für eine Begrüßung. Gleich wird gefragt, woher man kommt, wohin man geht. Dann folgen Fragen zur Fracht der Yaks, denn immer wird etwas, das über die übliche Ausrüstung hinausgeht, talauf mittransportiert. Dann das Verhör zur Familie: die üblichen Fragen sind zu beantworten, alles andere würde als unhöflich ausgelegt werden.

Als wir am Abend vor dem Ofen sitzen, erzählt Nuri seine Geschichte. Lange hatte er auf die Liebe gewartet. Die Mutter suchte in der gesamten Khumbu-Region nach dem passenden Mädchen. Nuri traf jede, die sie vorschlug. Doch keine liebte er. Manchmal musste er einen Tagesmarsch laufen, um die Frau kennenzulernen. Schließlich begegnete er zufällig einer aus dem Nachbardorf und verliebte sich. Er bat einen Freund, die Frau seiner Mutter vorzustellen, damit die Mutter nun ein offizielles Treffen arrangieren konnte. Sie wurde seine Frau. Und die seines Bruders. Denn die Frau liebte beide Männer. Im Himalaja ist Polyandrie verbreitet. Die Rollen in der Beziehung wechseln je nach Jahreszeit und Arbeit.

Ich beobachte in der Lodge die Frauen beim Zubereiten des Abendessens in der Küche, die nur durch ein paar einfache Holzplanken vom restlichen Raum abgetrennt ist. Die Männer sitzen auf der anderen Seite und spielen Karten. In der Ecke lagern Getreidesäcke und Kartoffeln, neben dem Herd ist Brennholz gestapelt, hinter der Tür liegt Heu für die Yaks. Die Frauen tragen Zöpfe, Perlenketten und Schürzen, aus dichtem Yakhaar gewebt. Ihre Gesichter glänzen bronzefarben im Lichtspiel der Feuerstelle. Rauchschwaden brechen durch die Ritzen und verbreiten den wunderbaren Yakdunggeruch im gesamten Dorf. Den Geruch werde ich bald vermissen, wenn mir nur noch die Erinnerung an die Tage im Himalaja bleibt. In Namche gab es noch Tannen und allerlei Gerüche, die durch die Luft schwebten. Doch hier weiter oben ist es schon karg in jeder Hinsicht, allenfalls mal einige Rhododendronblüten, die sprießen. Nur die Gastlichkeit und Fröhlichkeit, die bleiben. Über der Glut der Feuerstelle wird in Kesseln gerührt. Die Frauen murmeln Gebete, singen, sind heiter. Teekannen scheppern. Reis, Gemüse, Eier, dazu Tee und Chang – Bier. Ein Abend, an dem nichts stört.

Sechzehn

Höher und höher

Als ich aufwache, rinnt gerade ein eiskalter Tropfen Kondenswasser von meinem Schlafsack auf mein Gesicht. Dort breitet sich der Tropfen zu einem Eismeer en miniature aus. Die Sonne steht schon am Himmel, doch sie gibt kaum etwas von ihrer Wärme her. Schon seit Tagen kribbeln immer wieder meine Zehen. Die Kälte hat mich voll durchlöchert. Während der letzten Tage, beim langsamen Gehen, sammelten sich Eiskugeln an meinen Bartstoppeln. Die Kälte spannt die Haut zunächst, dann beginnt sie zu brennen, mit jedem Windstoß schlimmer, dann wird die Haut taub. Die kalte Luft, die man durch die Nase einatmet, erwärmt sich nicht so schnell, wie man es sich wünschte, sodass die Luft beim Atmen brennt, besonders wenn es steil wird und man schneller atmet, als es gut wäre. Es braucht die Weite, um Freiheit und Glück zu spüren. Doch das Gefühl, das sich ausbreitet, wenn wir in den einfachen Hütten unterkommen, ist der wahre Luxus, ein Gefühl, das niemand als einen Luxus wahrnehmen würde, der nicht gegen diese Kälte, diesen steten eisigen Wind angekämpft hat. Man muss eine Schwelle überschreiten, um ihn zu erfahren. In den Hütten angekommen, kühlt auch jeder Gang zur Toilette einen wieder aus, weil sich die Toiletten in den meisten Lodges draußen befinden. Das ist ein Problem, denn ich trinke jeden Tag mehrere Liter Tee. Es fühlt sich an, als befände sich meine Körpertemperatur weit unter Normal. Den Sherpas scheint die Kälte nichts auszumachen. Sie sind immer gut gelaunt, kraftvoll und ausdauernd.

Ich erreiche Dingboche, auf einer Höhe von 4350 Metern gelegen. Hier gibt es kaum noch Häuser, die Dörfer bestehen aus einzelnen Lodges. Die Landschaft wird schlagartig und endgültig karg. Der Weg nach Dingboche ist anstrengend. Es ist nicht das Laufen, die sechs Stunden, die ich 650 Meter auf- und 250 Meter absteigen muss, um meinen Schlafplatz zu erreichen. Der Schwindel und mein angeschlagener Gleichgewichtssinn haben sich beruhigt. Auch meine indische Malaise scheint kuriert. Die Nacht hatte ich durchgeschlafen, fühlte mich am Morgen erholt. Meine Herausforderung ist die Höhe. Bald bemerke ich die Rückkehr der Höhenkopfschmerzen, die im Takt meiner Schritte trommeln. Ich denke an die Warnung des Schildes vor dem Hospital gestern. Ich bezwinge die Schmerzen nur, wenn ich bei mir bleibe, wenn ich langsam laufe, nicht zu hastig aufsteige. Es ist kalt und feucht, Wolken und Nebel, wohin ich blicke. Keinen Gipfel kann ich bestaunen, kein Ausblick sorgt für Ablenkung von der trostlosen Monotonie des Laufens. Ich schwimme in einem Nebelmeer, schleppe mich stundenlang durch ein weißes Zimmer ohne Wände. Ich weiß nicht einmal, wohin ich laufe oder warum. Ich folge Nuri. Und seinem aufmunternden Zwinkern. Sein gelber Anorak ist der einzige Farbton in der Landschaft.

Der Wind wird stärker. Meine Ohren beginnen zu schmerzen, weil der eisige Wind durch meinen Kopf zu pfeifen scheint: rechts rein, links hinaus. Jede der erbarmungslosen Himalaja-Böen wie ein Hieb.

Jeder Tag im Himalaja läuft gleich ab. In der Morgendämmerung die Wanderstiefel schnüren, den Schlafsack zusammenrollen, den

Rucksack packen, ein wärmendes Frühstück einnehmen, aufbrechen. Dann fünf, sechs Stunden gehen. Die Hütten, die ich am Ende eines jeden Tages zum Sonnenuntergang erreiche, sind wie rettende Ufer, Inseln des Vertrauens und der Sicherheit. Hier breitet sich ein Gefühl der Geborgenheit aus, die Flammen des Ofens verwandeln sie in Orte des Glücks. Die Wärme ist der ultimative Luxus. Dann ein Abendessen und viel Tee, weil man in der Höhe schneller dehydriert. Meist kriecht man schon am frühen Abend ungewaschen und todmüde in den Schlafsack. Mein Tagebucheintrag wird zum Ritual.

Ich denke daran, wie sich der Ablauf meiner Tage verändert hat. Vor einem Monat noch, in der Stadt, musste ich täglich viel Energie aufwenden: für einfache Dinge, die mich beschäftigt hielten. Für das Gefühl, dass da etwas passierte. War ich wirklich produktiv? Kreativ? Schöpfend? Führte ich nicht die immer gleichen, wiederkehrenden Tätigkeiten aus? Rückte ich näher heran, an meine Angst, an die Frage, wer ich war? Entwickelte sich da etwas? Gab es da eine Verbindung? Gab es Fortschritt? Was, wenn meine Rückkehr zur Einfachheit Fortschritt war?

Um einen Tag in der Stadt zu bewältigen, verschwendete ich meine gesamte Energie. Fast alles ging in Arbeit auf. Meine Lebenszeit rann mir davon.

Niemandes Lebenszeit wird ausreichen, um allen Versuchungen des Lebens in der Stadt nachzugeben. Es ist eine Tyrannei der Vielfalt. Die unendliche Anzahl an Wahlmöglichkeiten als Wohlstandsindikator. Eine Dauerwahl, die zur Last wird.

Aus einer versprochenen Bereicherung – der Freiheit, aus unendlichen Alternativen zu wählen, Millionen Songs auf dem Smartphone, 30 Kaffeesorten bei Starbucks, 50 Sorten Frühstücksflocken im Supermarkt – wird eine subjektive Last, wir werden unzufrieden, unglücklich, weil wir uns nicht entscheiden können, ja, wir treffen keine Entscheidungen mehr, wir verschieben sie, wir verweigern Vertrauen und Versprechen. Diese zermürbende Unverbindlichkeit.

Beim Konsum, bei der Arbeit und in der Liebe. Ein Gedanke reiht sich an den anderen – wieder ein paar davon sortiert.

Jeder Bergtag ist Blaupause für den nächsten Tag. Doch immer wieder gelingt es meinen Sinnen, etwas zu entdecken. Das Abenteuer besteht im Sehen. Hier oben bin ich jederzeit umgeben von Natur, alles atmet. Immer ist Raum. Es gibt nichts, was mich trennt. Keine Hauswand, kein Autofenster, kein Smartphone. Es gibt auch nichts, was mich vor der Wildnis schützt. Ich werde, nein, ich bin Teil der Natur. Während des Gehens gibt es nichts zu tun, keine Wahl ist zu treffen, man muss nur sein. Die Weite öffnet meinen Geist, und der will – obwohl seit Tagen schon tausendfach geschehen – immer wieder die Landschaft bewusst betrachten, irre Schönheit einsaugen. Die blanken Berge. Hier kann ich meine Sinne schärfen und mein Denken zurückerobern. Was kann die Herzmuskeln furioser stärken, was die Seele weiter spannen? Henry Miller: »The aim of life is to live, and to live means to be aware, joyously, drunkenly, serenely, divinely aware.«

Als ich auf meinem ersten Fünftausender-Gipfel stehe, durchläuft mich eine Welle feierlichen Stolzes und kreischender Leere. Der Nangkartshang Peak misst 5100 Meter, ist höher als der höchste europäische Berg, der Mont Blanc. Ich sitze auf einem Stein, Gebetsfahnen fegen in der Eisluft hin und her. Ich überlege, was Menschen motiviert, in den höchsten Gegenden Nepals zu leben, diesen Orten anzuhaften, einsamen Orten, Enden der Welt. Und was hat mich getrieben, hierher zu laufen?

Mir fällt die Geschichte von Alfred M. Worden ein. Worden war, nach allem, was wir wissen, der einsamste Mensch der Welt. Worden war 1971 Teilnehmer der Apollo-15-Mondmission. Er steuerte das Kommandoraumschiff um den Mond herum. Die Distanz zwischen Worden und einem anderen Menschen betrug: 3596 Kilometer. Es ist nicht bekannt, ob Worden dort oben Glück erfuhr. Doch sicher ist: Sein Herz hörte nicht auf zu schlagen. Er lebte weiter, obwohl er so weit von jedem anderen Menschen entfernt war. Meter drücken nur eine geografische Distanz aus. Sie sind kein Maß für Glück und Liebe.

Einsamkeit ist Luxus, begreife ich. Sie gewährt uns Nähe, nahe bei uns zu sein. Im Denken, der Arbeit, beim Lieben. Was entscheidend ist: die Innigkeit, die Verwandtschaft, die Seelenwärme. Die Tiefe der Verbindung. Der Ausschlag des Verlangens in die weiteste Ferne, in der längsten Vene. Das Pochen der Sehnsucht. Ob einer noch was spürt, fühlt, riecht, ob ihn etwas antreibt, ob er gierig, lustvoll lebt, ob einer leuchtet, duftet, glüht, von weit scheint wie der Mond. In Istanbul haben sie ein hübsches Wort, das leuchtet, für einen einmaligen Moment, wenn der Mondschein sich auf dem Bosporus spiegelt und dann golden scheint: *yakamoz*.

Beim Abstieg vom Nangkartshang Peak beginnt mein Kopf zu hämmern. Das Sonnenlicht gießt sich aus an steilen grauen Mauern und malt sie golden an. Felsige Türme wie überdimensionierte Gold Nuggets, die durcheinanderliegen. Zurück in der Lodge lege ich mich in meinen Schlafsack, nehme eine Tablette und versuche zu entspannen. Ich wische noch das Kondenswasser von der Fensterscheibe, um dem Mond zuzusehen, wie er dort oben ruht. Es ist minus 15 Grad Celsius, und meine Füße sind kalt, werden gar nicht mehr warm. Ich zittere vor Kälte und Erschöpfung. Meine Müdigkeit ertränkt vorübergehend meine Schmerzen. Vor der Lodge, unter der Mondschein-Laterne, steht ein festgebundener Esel. Manche Nepalesen vermieten ihre Tiere, um Bergsteiger mit Höhenkrankheit wieder nach Khunde, Namche oder Lukla zu bringen. Morgen laufe ich zum Everest Base-Camp.

Siebzehn

Zurück zum Ziel

Als der Morgen aus den hochragenden Bergen quillt, sich als Nebel und dämmerndes Licht zu erkennen gibt, breche ich auf und verlasse Gorak Shep. Das Licht ist heller an diesem Tag. Hoffnung keimt, auf mehr Blicke auf die höchsten Wunder dieser Welt. Die Luft ist erfüllt mit dem Geruch von klirrender Kälte. Der See hinter der Lodge schimmert eukalyptusgrün. Ich folge dem Pfad. Hinter der nächsten Kurve ist die Lodge, ist Gorak Shep, der letzte feste Außenposten der Zivilisation vor dem Himmel verschwunden. Der Pfad ist schmal und flach, ich muss über lose Steine und Geröll steigen. Wenig später klettere ich an Felsen hinunter und wieder hinauf. Ich blicke auf die Ausläufer des Khumbu-Gletschers. Ich laufe allein, in eine Einsamkeit hinein, die Freiheit ist. Die grenzenlose Weite wartet geduldig. Blau blüht der Himmel. Der Wind peitscht eisig. In meinen Ohren rauscht es. Es ist kein Blut, es ist der Wind. Ich denke daran, wie erschöpft ich bin, dass ich noch nicht angekommen bin. Und dann, ein seltsamer Gedanke: dass der Grund jeden Aufbruchs ist, dass ich nicht ankommen will. Dass man nichts haben kann auf einer Reise. Wie beunruhigend, wie berauschend. Nichts zu besitzen.

Meine Sehenswürdigkeit des Tages liegt fünf Stunden entfernt. Das Everest Base-Camp ist der Ausgangspunkt für die Expeditionen, die den Gipfel erreichen wollen. Mehr als 200 Menschen sind in den eisigen Höhen ums Leben gekommen. Jeder Sherpa könnte den Everest ohne Sauerstoff besteigen, wenn er die Möglichkeit dazu bekäme, erzählte mir Nuri beim Aufstieg nach Gorak Shep. Das Problem: Ein Trekking-Permit, eine Erlaubnis, bis ganz nach oben zu steigen, kostet 45 000 Euro. Sir Edmund Hillary und sein Sherpa Tenzing Norgay stiegen 1953 auf, waren die ersten Menschen ganz oben auf dem Dach der Welt, Reinhold Messner der Erste ohne Sauerstoff. Das war 1970.

Ich bin fast am Ziel. Doch ich will nicht mehr. Noch zwei Stunden Marsch Richtung Base-Camp – dann sacke ich auf einem Stein zusammen, über dem ein Vorsprung ragt. Der Unterschlupf, die winzige Höhle, die unerwartete Zuflucht schützt mich vor dem Wind, der sich in meine Haut schneidet. Hier hockend, ohne Bewegung, ohne Obdach, würde ich bald erfrieren. Ich kann meinen Atem hören. Meine Gedanken: Faserland. Bis sie klar werden und ruhig.

Ich blicke auf eine prächtige Leere. Auf den Khumbu-Gletscher, auf Geröll und eine graue Wand, die irgendwann mit einer alles überragenden weißen Spitze im Blau endet. Bis auf den tosenden Wind gibt es hier keinen Ton, kein Leben. Gierig stürze ich den letzten Schluck aus meiner Wasserflasche hinunter, strecke meine Beine aus und entspanne meine Muskeln. Alle Erschöpfung löst sich auf, wird Erinnerung. Vom höchsten Gipfel gegenüber weht Schnee herunter, eine lange Schneefahne. Es sieht aus, als würde weißer Rauch aus einem Kamin aufsteigen, als hätte jemand im Inneren des Berges ein Feuer entzündet.

Ich schreibe in mein Notizbuch:

Wilderness –
beginnings and footprints,
a moving feast of shooting souls.

Der Frieden der Berge überkommt mich. Ich kann loslassen. Und ich erfahre einen unvergesslichen Moment Leben. Mit ein paar lose herumliegenden Steinen baue ich eine Pyramide. Ich sitze, bestimmt eine Stunde. Ein Auge zugekniffen, fokussiere ich mit dem anderen Auge die Bergwand und vermesse sie mit Daumen und Zeigefinger. Ich komme mir erneut unendlich klein vor und allein und glücklich und frei. Was für ein erhebendes Gefühl, zu tun, was man tun will. Der treibende Schnee auf dem Gipfel erinnert mich daran, dass alles in Bewegung ist, immer. Hier oben sind die Dinge nicht unter meiner Kontrolle. Eigentlich sind sie es nie. Der Wind weht, wohin er will. Ich kann nur meine Segel drehen, meine Richtung revidieren. Wenn das ohnehin wahr ist – warum raffe ich dann Sicherheit, jeden Fetzen Struktur: Erwartungen, Vorurteile, Routinen, Sinn, Zeit, Ziele.

Der Tag hatte wackelig begonnen. In der Nacht hatte ich wach gelegen, der Kopfschmerz bohrte, ich fühlte mich schwindlig, als ich in der Dämmerung aufstand. Ich nahm Schmerztabletten. Ich wollte zum Everest Base-Camp. Indien hatte mich zu Boden gezwungen, mich schwach gemacht, verwundbar für die Höhenkrankheit. Doch ich hielt an meinem Plan, dem Everest möglichst nahe zu kommen, fest. Als ich auf dem Stein sitze und unendliche Ruhe, der Frieden in mich hineinströmt, wird mir bewusst: Ich hatte alles gesehen. Ich will keinen Gipfel mehr, kein Base-Camp. Das mir unbekannte Ziel bekam auf dem Weg Kontur. Der Weg formte sich auf dem Weg. Ich hatte etwas erreicht, nur nicht das zuvor geplante. Ich hatte unglaubliche Wildnis, Natur und Schönheit gesehen. Und nun erfuhr ich einen Moment des Friedens. Plötzlich gab es Freiraum, um eine neue Landschaft zu entdecken. In dem Moment, als ich losließ, als mein Pfad nicht mehr definiert war, als ich auf den Stein sank und anhielt. Wahrnahm, was war, und von meinem Ziel abließ, anzukommen.

Dieses Prinzip will ich auf mein Leben übertragen: Ich formuliere kein vorher festgelegtes, bestimmtes Ziel mehr. Ein Ziel, das einen Ausgang vorsieht; etwas, das einmal sein wird. Lebe, wenn immer es geht, spontan. Meine Erfahrungen werden von meinen Werten, Instinkten und Leidenschaften entworfen, sie sollen es richten. In jedem Moment. Das macht mich reicher. So bin ich frei, umherzuwandern. Kann mich umsehen, kann am weiten Wegesrand aufsammeln, was sich an unbegrenzten Liebesmöglichkeiten ringsum in meine Sinne brennen will: Harmonie beim Betrachten der Ama Dablam erleben, den Geruch von brennendem Yakdung tief einatmen, ratschende Gebetsrollen und Mönchs-Mantras hören, ein schönes, fremdes Gesicht betrachten, auf eigenen Füßen wandern, im kalten Wind gehen, erschöpft im Schlafsack eingehüllt bibbern, Käsekuchen essen. Ich muss nicht mehr sehnsüchtig entlegenen Orten nachhetzen. Kann jede Lawine Leben trinken, wenn sie niederrauscht, jede Welle Lust und Leidenschaft. Jedem Ziel, jeder Welt zum Trotz. Ich erlaube mir, in jede Richtung zu wandern, die Süße verspricht, Stürme und Schönheit, Fülle und Freiheit. Ich kralle mir den Moment, und keine fernen Ziele, die hinter einer Nebelwand kauern. Das, was mich in jedem Moment erfüllt, in dem ich etwas tue, das mich begeistert, erregt, verrückt macht, taumeln lässt – etwas, das ich liebe. Jeder Aufenthalt im Wartesaal: gestrichen. Ralph Waldo Emerson: »With the past, I have nothing to do; nor with the future. I live now.«

Heute beginnt der Abstieg. 350 Höhenmeter bergab, von Gorak Shep nach Pheriche. Bis nach Lukla werden es insgesamt vier Tagesmärsche sein. Ein Sherpa schafft die Strecke an einem Tag. Dass Sherpas mit der Höhe zurechtkommen, hat einen einfachen Grund: Sie sind ethnologisch verwandt mit den Tibetern, die länger als jedes andere Hochgebirgs-Volk im Hochgebirge leben. Das Herz hat sich den Lebensbedingungen besonders gut angepasst. In dem Fall der Sherpas heißt das: Die rechte Herzkammer vergrößert sich bei Anstrengungen in der Höhe nicht. Die rechte Herzkammer pumpt das sauerstoffarme Blut in den Blutkreislauf. So kommen die Tibeter und Sherpas besonders gut mit dem niedrigeren Sauerstoffgehalt zurecht. Sie atmen mehr Sauerstoff pro Minute. Menschen, die auf Meereshöhe leben, können sich für kurze Zeit an die Bedingungen in der Höhe anpassen, doch irgendwann lassen die Kräfte nach, und man muss wieder tiefer.

Meine Gedanken malen sich die sagenhaftesten Sachen aus. Ich freue mich so sehr auf das, was vor mir liegt, dass ich beschließe, nach Bangkok zu reisen, sobald ich in Kathmandu eintreffe. Ich will von dort gleich auf eine der Inseln. Weiter unter freiem Himmel leben. In tropischer Hitze. Es kommt mir vor, als würde ich rennen, keine Schritte mehr zählen, keine Atemzüge. Vorbeirauschen an all den wundervollen Gipfeln. Noch einmal auf die Flanken und Spitzen von Everest, Lhotse, Ama Dablam blicken. Gerührt, diese wilde Welt betreten und bestaunen zu können.

In Lukla angekommen, macht mir das Wetter einen Strich durch die Rechnung. Es ist nebelig, es regnet. Ich bin durchgefroren, bin enttäuscht, ja, entnervt und entkräftet. Kein Flugzeug kann Lukla verlassen, der Nebel ist zu dicht. Ich lege mich auf meine Pritsche mit der Matratze und ziehe den Schlafsack bis an die Ohren. Ich sitze fest. Warten. Tagelanges Warten. Die Tage in Lukla bringen alles aus der Bahn. Das Gefühl, verrückt zu werden, kriecht hervor, weil ich mich benommen fühle und schwarze Punkte vor meinen Augen tanzen wie ein Schwarm Fliegen.

Ich sehe die Sherpas, wie sie lachen, am Ofen sitzen und Karten spielen. Meine Gedanken an die Rückkehr in die Stadt. Ich denke an unsere Yak-Karawane. Und dann erinnere ich mich an ein Bild, das ich einmal im Netz gesehen habe. Ein Foto, auf dem aus der Entfernung ein Rudel Wölfe abgebildet ist, das sich auf den Weg macht, einen Bergpass zu überqueren. Es ist Winter, es liegt Schnee. Die Wölfe sind als schwarze Dominosteine zu erkennen, hintereinander aufgereiht. Die Positionen in der Wolfskarawane folgen einer bestimmten Reihenfolge. Angeführt wird das Rudel von drei Wölfen, die alt oder geschwächt sind. Mit einem gewissen Abstand folgen fünf starke Wölfe. Dann kommt das Hauptrudel, das immer gleichmäßig mitläuft. Wieder mit einem größeren Abstand bilden die fünf stärksten Wölfe die Nachhut. Das Schlusslicht, auf den ersten Blick kaum zu erkennen, ist das Leittier.

Unsere Gesellschaft ist spiegelverkehrt aufgebaut. Sie belohnt die, die von der Bindung an die Gemeinschaft immer weiter wegtreiben. Sie stehen an der Spitze. Das ist die Tragödie. Der moderne Individualismus und die zunehmende persönliche Freiheit höhlen jede Gemeinschaft aus. In den Städten sitzen Schicksalsgemeinschaften über einem Becher Kaffee für vier Euro, zelebrieren hinter MacBooks Unabhängigkeit und Individualität, ohne miteinander zu sprechen.

Am letzten Abend schenke ich Nuri meine schwarze Daunenjacke. Nuri ist nun nicht mehr im Nebel zu sehen, dafür trägt er eine Jacke in seiner Größe. Nach vier Tagen kommt der Hubschrauber. Ich steige weiter ab und fliege von einem Feld unterhalb von Lukla nach Kathmandu. Ein letztes Zittern geht durch mich hindurch. Ich friere. Ich lasse eine rätselhafte Welt hinter mir, sie für immer im Herzen tragend.

THAILAND

Immer wieder zurück auf Los

Achtzehn

Blicke in Bangkok

Hinter der Glastür beginnt die tropische Nacht. Die letzte kühle
Frist wird auf dem Weg vom Gepäckband zum Ausgang gewährt.
Dann legt sich die stete Schwüle auf Haut und Herz und alles andere. Bangkok gewährt Blicke, verspricht Verschwendung, Intensität, Ekstase. Jede Nacht so glühend heiß wie der Tag, nur dass sich
ein schwarzer Schatten über die Stadt legt. Die Stadt bemächtigt
sich der Nacht, verspricht Nachtschatten, voller Geheimnisse, von
unserer Fantasie verfasst. Die Stadt bemächtigt sich der Weite. Die
Lichter der dichten Bauten signalisieren Nähe, als episodische Be-
drohung der Einsamkeit. Die Stadt bemächtigt sich auch der Zeit.
Mit eitler Betriebsamkeit fließt sie dahin, verspricht Erneuerung,
Leben und Sterben, Tag und Nacht, ohne Unterlass.

Ich erkenne Bangkok kaum wieder. Zehn Jahre sind seit meinem ersten Besuch vergangen. Bei der Ankunft am Flughafen
stürmte mir gleich ein Kommando flehender Taxifahrer entgegen.
Man musste handeln und entscheiden, wem man den Zuschlag gab,
musste taxieren, wer am Ende berechnen würde, was ausgemacht
war.

Bei meiner ersten Taxifahrt in Bangkok raste der Fahrer zehnmal
am Royal Hotel vorbei, nahe der Khaosan Road gelegen, und tat so,
als wisse er nicht, wo es sei, nur, klar, um ein paar extra Baht auf
dem Tacho zu verbuchen. Entlang des Weges, ohne erkennbaren
Grund, rollte er an den Rand, stieg aus und verschwand hinter dem
Heck seines gelbgrünen Toyota. Ich öffnete die hintere rechte Tür
und lugte hinaus, über meine Schulter hinweg. Ich sah den Mann an
der Bordsteinkante stehen, wie er hoch in die Luft guckte. Er pin-
kelte. Als er mich bemerkte, fiel er mit ausufernden Schimpftiraden
über mich her. Ich zog die Tür schmatzend zu und wartete über-
drüssig. Weitere zehn Minuten vergingen, dann kam er mit einer

Tüte zurück, aus der es dampfte. Den Wagen jetzt mit dem Aroma von Bratfett und Hühnchen auskleidend. Wenn Taxifahrer in Bangkok einem mitteilten, was sie taten, dann war das reines Glück.

In der heutigen Nacht – zehn Jahre später also – stehe ich nach meiner Ankunft am Flughafen artig an und bekomme vor dem Terminal ein Taxi zu einem festen Preis zugeteilt. Die zehn Jahre haben alles Anarchische ausgewaschen. Nichts ist mehr zu spüren von dem zuvor allgegenwärtigen Gewähren-Lassen, das etwas entstehen ließ, bis es wieder zerfiel. Und jedem war's egal. Das Dilemma: Triumphiert die Gesellschaft, wird der Anarchist arbeits- und obdachlos. Besiegt er die Gesellschaft, ist sein Traum zerstört, jeder Lebensinhalt passé. Die Punkphase Bangkoks war unwiderruflich vorbei.

Zurück in Kathmandu hatte ich vor ein paar Tagen einen ähnlichen Effekt bemerkt: Kathmandu war zu einer fremden Stadt für mich geworden. Ich wähnte mich an einem Ort, den ich zum ersten Mal sah, obwohl ich ihn zuvor betreten hatte. Dabei war ich nur zehn Tage fort gewesen. Nach einer Welt der Kargheit, einem kargen Leben, strömte plötzlich alles. Bewegungen und Lichter vor allem. Maschinen und Fahrzeuge. Und jede Art von Verkehr. Lärm, Dreck, Getöse und Werbeplakate terrorisierten. Die Stadt war unverändert – ich kehrte nur als ein anderer in sie zurück. Es gibt ein Bild, eine Fotomontage natürlich, in Naomi Kleins Buch *No Logo!* Das Foto zeigt, wie unsere Städte aussähen, wären sie nicht mit Reklame überschwemmt, mit würdelosen, sexistischen Appellen zugedeckt, ja zugemüllt: leer. Die Ausradierung des Konsums – sie schafft nur nicht automatisch Freiraum und Freiheit. Wirkt einstweilig als Leere, Einsamkeit, Angst, Sehnsucht. Weil nirgends mehr angeschlagen steht, was man sagen, tun, sehen, kaufen soll. Weil es keine Liebesbefehle mehr gibt. Weil Raum wächst für eine Frage: Wie will ich meine Lebenszeit füllen? Mehr noch, denke ich jetzt: In unseren Städten ist jeder Freiraum verstopft und versperrt für all das, was würdevoll ist und schön. Stattdessen: das Gedeihen von Hype und Hässlichkeit – die Hauptnenner der Globalisierung.

Rod Stewart empfängt mich in Bangkok. Das Entertainment System im Taxi verschluckt einen CD-Rohling. »Sailing«. Segelnd durch Bangkoks Nächte, an jeder Ecke pulsiert es – in jede Richtung. Ich senke die Fensterscheibe einen Spaltbreit ab, heiße Luft strömt herein. Mein Blick ist in den weißen Nachthimmel gerichtet, der über Bangkok hängt. Schon vom Flughafen aus sieht man den gewaltigen Lichtkegel über der Stadt sich aufspannen. Stadtlichter, Neonlichter, Kunstlichter. Welche Hoffnungen, Versprechen, Geschichten gebären diese Lichter? Das Taxi schießt über eine der futuristischen Schnellstraßen, die über Bangkok hinweg und durch die Stadt hindurchführen, immer tiefer und tiefer in das Meer aus Licht hinab. Oben, in den Hotelbars, die Reichen. Unten, unter den gestelzten Schnellstraßen hockend, die Armen und die Elefanten. Und ringsum goldene Pagoden, Kerzen, Blumen, rauchende Schwaden, gefaltete Hände und kniende Leiber, die beten. Steht man oben, über allem, auf dem Dach eines der Luxus-Hotels, und blickt hinunter und in die Ferne, dann wirken die endlosen Lichtpunkte wie Sterne, die vom Himmel auf den Boden hinabgefallen sind und nun darauf warten, aufgelesen zu werden. Unten, zwischen diesen Sternen navigierend, eine Alte in Kittel und Hausschuhen, sie schiebt ihre Suppenkessel heim. Zwei junge Mädchen, die mit Gloss, viel freier Haut und Parfum Signale senden, Bubble Tea und Smartphones in den Händen, übernehmen die Nacht.

Mein Hotel hockt in einer der Hochhausschluchten, am Ende einer schummrigen Seitengasse, wie eine verirrte Ameise. Der Siam Square leuchtet um die Ecke. Vor den Häusern stapeln sich Sandsäcke, es herrscht Hochwassergefahr. Den Norden Thailands hat die Flut bereits erfasst. Studenten spielen Gitarre, um Geld lockerzumachen. Ein Straßenhändler hat neben Hemden, Hosen und Schuhen auch ein Schlauchboot im Angebot: Das *Sea Hawk 2* kostet 4500 Baht, 120 Euro. Am Eingang der Luxus-Shopping-Mall prangt ein überzeugendes Schild: »Security Check – For Security Reason«. Im *Gold Hand's Massage Salon* kostet die Stunde 200 Baht, 6 Euro. Die Straße wird gesäumt von mobilen Garküchen und tanzenden Rauchschwaden, schwache Glühbirnen an den Rollwagen spenden der schmalen Gasse ihr spärliches Licht.

An der Rezeption sitzt eines der schönen Mädchen, sie blickt mich mit ihrem Endlosschleifenlächeln an, so herrlich ansteckend, es fließt, bis man fliegt. So macht es jeder hier. Die Menschen lächeln sich in einen hinein. Immer locker lächeln. Wenn sich jemand damit auskennt, dann die Thais, davon verstehen sie was. Von der Beschwingtheit und der Leichtigkeit des Lächelns. In Thailand zirkuliert ein Lächelgebot. Man ist machtlos dagegen.

Das lächelnde Mädchen bringt mich auf schweren Holzdielen entlang auf mein Zimmer im ersten Stock und schaltet gleich den Fernseher ein. Das Zimmer ist eingerichtet wie jedes amerikanische Motelzimmer: profillos. Ein Bett, ein Spiegeltisch, ein verbrauchter Sessel, die Menükarte für das billige Frühstück, das man am Morgen unten in der Lobby bekommen kann. Ich packe meine Sachen aus dem Rucksack. Die Wanderstiefel, die Trekkinghose und die Fleecepullis werde ich nicht mehr brauchen. Ich werde neu packen, damit sie unten im Rucksack Winterschlaf halten können. Ich hole die Flipflops heraus – jeder in Thailand trägt Flipflops, selbst die Mönche, immer –, schalte den Fernseher aus und gehe zu dem kleinen Restaurant am Ende der Gasse.

»Essen wir was?«, fragt die Französin Zoé, die am Tisch neben mir Platz genommen hat. Es ist gut, hier zu sitzen. Unter geflochtenen schwarzen Oberleitungen und einem Schwarm Mücken, neben einem plätschernden und bunt blinkenden Elektro-Wasserfall, dem rauschenden Gaskocher und dem »Klokklok« des Koches beim Wenden der Dinge in seinem Wok. Das »Kaeng Khiao Wan«, das grüne Thai-Curry, duftet nach süßem Kokos und scharfem Chili. Ich denke an meinen anstrengenden, heilsamen Anfang dieser Reise. Der Himalaja hat mich nicht geschafft. Ich bin hier.

Zoé erzählt von ihrem Trip. Auf dem Tisch liegt ein Buch, ein Vokabelheft mit Segelbegriffen: Luv, Lee, Halse. Zoé hat in ihrem Job bei einer Versicherung viel Geld verdient, eine Depression gab es gratis obendrauf. Nach der Kündigung reiste Zoé ein Jahr durch Asien, war auch im Himalaja. Doch ihre Liebe gilt dem Meer. Nun will sie in Frankreich als Skipperin anheuern, macht gerade den Segelschein. Ihr breites Lächeln und ein Blick in ihre leuchtenden Augen verraten: Sie hat begriffen, wie köstlich es ist, zu tun, was sie wirklich liebt. Dass ihr Leben zu wertvoll ist für etwas Geringeres. Zoé ist auf dem Heimweg nach Paris, ich bin gerade angekommen. So ist es beim Reisen. Wir ziehen aneinander vorüber – dann, manchmal, kollidiert etwas. Alles wie ein monsunhafter Niederschlag. Immer ist gleich die Oberfläche freigelegt. Es ist unbedeutend, wer wir in der Welt waren, aus der wir kamen, es verblasst, blitzschnell. Durchgangsmomente. Durchgangsleben. Dafür übernimmt etwas Verführerisches, lustvoll, bezaubernd: ein Gefühl, die Liebe zum Moment, die Leichtigkeit des Augenblicks. Für einen Wimpernschlag hält man sich im selben Haus auf, teilt alles miteinander, bevor man wieder auf andere Kontinente, ja, Planeten geschleudert wird.

Reisen sind synchronistische Geburten. Globale Synchronizitäten. Lebenslinien mit zwangsläufigen Zufallsschnittpunkten. Manchmal bleibt etwas haften. Manchmal ist man es selbst oder ein anderer Mensch. Manchmal ein Geruch, Duft, Wort, ein Gedankenfetzen, ein Melodienflicken, ein Bild bloß. In allen anderen Fällen bleibt mir nichts als ein: »Mach's gut!« Und Albert Camus: »Der Schmerz, nicht alles gemeinsam zu haben, und das Unglück, alles gemeinsam zu haben.«

Ich mache einen Spaziergang die Gasse entlang, von der ich nicht weiß, wo sie hinführt, und ich frage mich, ob überhaupt irgendeine Straße jemals wieder aus diesem verwinkelten Betondschungel herausführen wird. Ich vermisse die Leere des Himalaja und gleichzeitig brütet in mir die Erwartung auf das, was kommen wird.

Am Kanal entlang, einem der Khlongs, den alten kilometerlangen Verkehrsadern Bangkoks. Wo Blechhütten noch zwischen Bürotürmen, Luxus-Hotels und Bars wuchern. Wie Bobs in einem Eiskanal schießen die Langboote auf dem milchigen Wasser entlang. An den Seiten sind blaue Plastikplanen befestigt, damit das Wasser die Insassen nicht hoffnungslos durchtränkt. Die Business-Leute, die Frauen mit Kindern, die heiteren Alten, die Ladyboys. Die Schaffnerin hat einen Motorradhelm auf dem Kopf – zum Schutz, wenn das Boot unter den tief hängenden Brücken und Übergängen mit ungedrosseltem Tempo durchgleitet.

An einem kleinen Tempel opfert eine Alte kniend und versunken Blumen. Von irgendwo kommen Karaoke-Klänge. In dem Haus nebenan liegt eine Frau auf einem Bambus-Podest und tollt mit einem Kind herum. Die lückenhaften Gitterstäbe vor den Fenstern sind mit Bindfäden geflickt worden. Vor den Häusern stehen Blumen. Auf dem Wasser treibt ein Teppich aus Plastikmüll.

Am Morgen nehme ich ein Motorrad-Taxi zum Lumpini Park. Ich bin auf der Flucht, suche die Natur, das Alleinsein – eine Sehnsucht, die in Bangkok eigentlich unerreichbar ist. Ich sehe Hochhäuser, Rohbauten, mehrstöckige Autotrassen, Einkaufszentren, Massagesalons, Marktstände, Garküchen, Lichtreklamen, riesige Billboards, Tuk Tuks, Taxis, Motorräder, Busse und Hunde vorbeiziehen. Im Lumpini Park finde ich, was ich suche: Die Medizin, mit deren Hilfe ich Bangkoks Blicken, dem Zerren, dem Ansturm, dem Menschengewimmel, dem Lärmterror und diesem dichten Dschungel entfliehen kann. Auf einer Parkbank im Schatten klappe ich meinen neuen Laptop auf, beginne zu schreiben, versinke den restlichen Vormittag über.

Gegenüber vom kleinen See halten sie sich mit Yoga fit. Am Ufer wird eine Folge für eine thailändische Soap gedreht. Nicht weit vom Lumpini Park ist das Box-Stadion. Es ist ein Blick in die thailändische Seele. Ich laufe hin.

Neunzehn

Unter Spielern: »sanuk«

Wenn die Runde sich dem erlösenden Gong entgegenwirft, ruhen seine Augen noch lange nicht. Mit einer Hand hebt er die grüne Holzkiste bis ganz dicht vor sein Gesicht, mechanisch, dann schweift der Blick umher, unruhig, besessen, suchend.

Der Mann mit der Kiste sitzt in der Reihe hinter mir. Er lacht heiter herüber, ohne Zähne der Mund, als ich mich zu ihm umdrehe. Etwas Verschmitztes liegt darin. Dann wird sein Gesicht ernst. Bald würde etwas Grimassenhaftes, etwas Entsetztes, Verzerrtes sich hinzuaddieren. Als der Gong zur nächsten Runde im Ring mahnt, ruht die Kiste auf seinem Schoß. Es scheint ein ausrangierter Zigarrenkasten zu sein. Darin sehe ich sechs unterschiedliche schwarze Handys. Keine Smartphones, irgendetwas Betagtes von Nokia. Jeder Anruf in seiner Kiste ist bare Baht wert, jede Regung im Ring Anlass zu einer weiteren Wette mit ihm.

Dichtes Gedränge, die wartende Menge gegenüber. Auf der Stehplatz-Tribüne im Lumpini Box-Stadion braut sich allmählich ein einziges Stimmengewirr zusammen, eine Wand, die bald brüllen, keifen, johlen wird. Dazu Handbewegungen, kaum zu bemerken, selbst bei gründlicher Betrachtung, kaum zu verstehen, was vor sich geht. Mit einer solchen scheinbar unbedeutenden Bewegung wechseln Baht um Baht ihre Besitzer. Was sich wirklich im Ring vollzieht, was genau sich zuträgt – belanglos. Die Wahrheit, da ist sich die Menge, da sind sich alle einig, liegt anderswo. Wahr ist, woran wir glauben. Und wahr ist, was mit Lebensfreude wärmt.

Wie in einer Zirkusmanege drehen die Boxer nun eine Runde im Ring, begleitet von trötender Musik. Wer auf der Tribüne steht, bekommt kaum etwas mit von der ausströmenden Angst der Kämpfer. Der Ring – zu weit entfernt. Die Leute – vertieft in ihre Angelegenheiten. Die jungen Kämpfer zittern. Plötzlich wirft sich einer der beiden Boxer krachend auf die Knie. Dann folgen sanfte, rhythmische Armbewegungen in die Luft hinein.

Der zahnlose Mann spricht in seine Kiste, als würde er das Stück Holz beschwören wie eine Schlange. Alles auf Rot. Alles auf Blau. Er wendet den Blick Richtung Tribüne und hebt seine Hand, klappt sie fächernd vor und wieder zurück. Der Blick schweift, dann schaut er voller Erregung im Gesicht in meine Richtung und zwinkert mit beiden Augen. Ich lache zurück. Warum, weiß ich nicht. Die Menge schreit und schreit. Wieder hundert Handbewegungen, ohne Anfang oder Ende. Ein Impuls wieder, Zuschauer heben die Hand. Gewinnen, verlieren – einerlei.

Ein Thai-Mädchen und ihre Freunde lassen sich aufgeregt auf die Stühle neben mir fallen. Am Ring ist ein Schild befestigt: »Ladies don't touch the stage.« Das Mädchen blickt zu mir herüber.

»Magst du das Thai-Boxen?«, frage ich sie.

Das Mädchen lacht, kichert. »Ja, ist gut«, sagt sie. »Aber darum bin ich nicht gekommen.«

Sie kichert wieder.

»Warum bist du hier?«

»Na, wegen *sanuk*.«

Ich verstehe nicht, was sie meint. »Wegen *sanuk*?«, frage ich daher.

»Ja, um zu spielen und Spaß zu haben.«

Darum geht es also. Um das Spiel. Etwas einzusetzen, das Wagnis. Und die gemeinsame, fast familiäre Freude daran. Die Hoffnung, Glück zu haben. Das Glück zu beschwören. Sich an diesem Vorgang wild zu berauschen. Wie herrlich nutzlos. In Thailand ist es so Brauch: Wer ein paar Baht beschaffen kann, verspielt sie. Und das thailändische Kurhaus ist das Box-Stadion.

Sie spielen um ein paar Baht. Selten geht einer mit viel nach Hause. Und sie spielen aus »sanuk«: aus Spaß. Es ist die Freude am Vorgang. Am geteilten gemeinschaftlichen Gefühl.

Bei uns spielt man aus anderem Grund. Nein, genauer: Mit uns wird nur noch gespielt. Bei uns grassiert ein postmodernes Mantra, es wurde uns eingepflanzt, und wir glauben daran: Gedanken und Handlungen kreisen um den eigenen Nutzen, den Vorteil, den Gewinn. Wenn sich das Kapital anhäuft, dann meinen wir, einen Sinn zu erkennen. Und wir häufen dann an und gewinnen, wenn jemand anderes verliert – auch daran glauben wir. So taumeln wir durch das Leben. Vom Eigennutz befallen, die Mensch-Maschine. Angetrieben von Algorithmen. Wie singt Achim Reichel so treffend? »Komm rüber / Spieler / Spieler komm rüber / [...] / Erst wenn du nichts mehr hast / bist du frei / [...] / Und der Spieler setzt alles auf eine Zahl / auf den höchsten Sieg und auf die tiefste Qual.«

Der zahnlose Mann hält wieder seinen Wett-Sprechkasten vor das Gesicht. Im Ring: Rot gegen Blau. Bei ausgiebiger Betrachtung wird klar, dass hier auf Kinder gewettet wird. Die Kämpfer tänzeln im Kreis. Die Menge johlt im Chor. Der Mann mit der Kiste winkt und schreit. Handzeichen, weitere Gesten, wilde Entschlossenheit. Zwei Finger. Dann zeigt er eine Faust, die ausfährt. Einen Kopf, der zurückweicht. So geht das. Der Trainer in der Ecke knöpft sich seinen blauen Boxer in der Pause vor. Eine Faust, die ausfährt. Einen Kopf, der zurückfährt. So machst du das jetzt. Ein Gong. Letzte Runde. Der Blick des Trainers aus der blauen Ecke trifft beim Kisten-Mann ein. Der schaut zufrieden zurück. Mehr »Ahs!« als »Uhs!« jetzt. Aus. Ende. Entscheidung. Blau gewinnt. Schluss mit Spekulation.

Der Kisten-Mann steckt dem blauen Boxer Geldscheine in den Mund. Dieser nimmt das Geld schweigend hin. Gong zu einer neuen Runde. Ring frei für mehr »sanuk«.

Zwanzig

Phuket Noir

Angekommen im Süden Thailands. Mit einer ordentlichen Vollbremsung schleudert der Busfahrer meinen Rucksack in Phuket Town von der Ladefläche. Ich betrete eine bunte Stadt, wo portugiesische und chinesische Bauten sich malerisch aufstellen, wo Hunde aus den Fenstern heraus bellen, es aus den Schreinen dampft und die Luft köstlich nach Currys riecht. Als es zu regnen beginnt, ist jäh alles Leben in den Straßen erloschen, man begegnet niemandem, kein Schatten spielt mehr auf dem Asphalt, selbst die Hunde verkriechen sich. Die Stadt gehört einem allein. Der Regenguss stört mich nicht, weil die Wärme nicht aus der Luft weicht. Und der fallende Regen doch die betäubende Hitze zähmt. Im Himalaja würde so ein Regenschauer die Reserven angreifen und einen anspornen, schneller sein Nachtlager zu erreichen. Heute gehe ich ruhig an den alten chinesischen Kolonialhäusern in der Thalang Road vorbei.

An einem behaglich aussehenden Haus, aus dem warmes Licht strömt, bleibe ich stehen. Die alte dösende Chinesin schreckt von ihrem Stuhl hoch, als sie mich sachte an dem Türgitter ihrer Pension rütteln hört.

Sie setzt ihre riesige Brille auf, stöbert ausgiebig in ihrem Büchlein herum und schüttelt beharrlich den Kopf, bis sie mir schließlich doch noch ein freies Zimmer zuteilt. »Room service?«, raunt die Alte komplizenhaft. Nun bin ich es, der kopfschüttelnd ablehnt.

Alles, was ich brauche, ist der Befund von einem beschlagenen Arzt, und ich weiß, der lässt sich am ehesten in Phuket Town aufspüren.

Ich war schon Richtung Süden aufgebrochen, auf dem Weg auf die Insel, konnte die fabelhafte Luft des Tropenwaldes riechen, wenn ich den Kopf aus dem Fenster hielt, als der Schwindel aus den Himalaja-Höhen zurückkam. Außerdem nahm ich weiterhin deutlich die kleinen schwarzen Wolken wahr, die wie Fliegen in meinem Sichtfeld kreisen. Ich kam mir vor wie Johnny Depp in dem Film »Fear and Loathing in Las Vegas«. Der Schwede mit seinem Motorrad, dem ich von den Insekten erzählte, die pausenlos vor meinen Augen schwirrten, hielt mich, seinem Blick nach zu urteilen, wenn nicht für selig unter Drogen stehend so doch zumindest für sonderbar. Er fuhr auf seinem Motorrad davon, ohne sich zu verabschieden. Ich nahm das als Warnung, mit meiner Geschichte etwas zurückhaltender zu verfahren. Ich hatte eigentlich gar nicht nach Phuket fahren wollen, in diesen Hades des Hoteltourismus. Doch es ist gut, dass ich hergekommen bin.

Durch die heißen Straßen von Phuket Town, das alt und üppig da liegt, laufen allerhand fantastische Gestalten. Es riecht nach Bratfett und Mango und Fisch und Zitronengras. Am frühen Abend streift durch die Thalang Road immer der Mann mit dem riesigen Strohhut und den Lederstiefeln, der aussieht wie ein Mexikaner. Er läuft die Straße hinunter und verschwindet in einer der Seitengassen. Das ist alles. Dann sind da Frauen in Kitteln, die immer irgendeine Art von Gefäß mit sich herumtragen, und Männer im Unterhemd, mit und ohne Zigarette. Eine Frau mit Kopftuch balanciert mehrere bunte Paletten Eier über löchrige Bürgersteige. Ein Mönch schlendert die Straße entlang, eine Reisschale in der einen, das Smartphone in der anderen Hand. An der Ecke zwei »Katoys«, zwei Ladyboys, an einer Hauswand lehnend, bunt bekleidet, um eine passende Pose ringend.

Der Arzt, den ich fand, hat mir Tabletten verschrieben, um die Blutung auf meiner Netzhaut zu stoppen. Beim Abstieg aus dem Himalaja sind Adern geplatzt. Das auslaufende Blut sammelte sich hinter meinen Augen. Ein Hämatom. Seitdem ich die Tabletten nehme, finde ich keinen Schlaf. Jede Nacht streife ich durch Phuket Town.

An einem dieser Abende habe ich eine folgenreiche Begegnung. »Ich habe Krebs, setz dich mal«, hat Danny im Regen auf der Straße zu mir gesagt und dabei einfach weitergelächelt. Nun sitze ich auf dem Frisierstuhl ihres Rock-'n'-Roll Frisier-Salons. Bevor die heitere Thai-Frau entscheidet, dass ich einen neuen Haarschnitt bekomme, nimmt sie aber meinen Fuß in Augenschein. Drei Zehen sind in Serviettenfetzen gewickelt. »Was ist das denn?«, fragt sie mich. Ich berichte, dass ich heute dreimal an derselben Kreuzung am Bordstein hängen geblieben bin. »Du solltest unbedingt mal meditieren«, meint Danny. Ihr helfe die Meditation, ihre Angst auszuhalten, erklärt sie dann, Meditation sei ein Tonikum für Gedanken und Herz.

Vielleicht liegt Danny ja richtig: Meine Gedanken sind überall, nur nicht hier, wo ich bin. Wie so oft. Weil unsere Gedanken von allen Seiten bedrängt werden. Dann erzählt mir Danny von Buddhas vier edlen Wahrheiten und drückt mir einen Zettel in die Hand. »Wat Kow Tahm« steht darauf, der Name eines buddhistischen Meditations-Tempels. Sie malt eine Karte dazu und macht ein Kreuz auf eine der prächtigen Inseln, die vor der Westküste liegen. Ich falte den Zettel und stecke ihn in meine Tasche. Dass ich ihn Monate später in meinem Rucksack wiederfinden, ihn auffalten und dieser Zettel mein Leben verändern würde, ahne ich da noch nicht.

Dann die Begegnung mit Oh. Auch in dieser Nacht regnet es wieder, alles hat mit diesem Platzregen begonnen, bis die blinkenden grünen und gelben Lichter aus den Bars und Restaurants und das rot leuchtende Rücklicht eines einsamen Rollerfahrers so klar auf der Straße zu sehen sind wie in einem Spiegel.

Die dünne Tür fällt ins Schloss. Oh stellt die Handtasche auf den Boden und hockt sich auf die Bettkante. Ich schaue zu ihr herunter, und eine ganze Weile, die weniger als eine halbe Minute dauert, stehe ich nur so da. Über uns pustet die Klimaanlage. Der Regen prasselt. Oh setzt zu einer Pose an, die wohl elegant oder wild oder lasziv sein soll, oder alles zusammen. Die aber, so viel ist sicher, unecht wirkt. Ohne weitere Ankündigung rollt Oh dann ihr Top so hoch, dass ich ihre rechte Brust sehen kann und jetzt, ohne ich, geht es wohl immer weniger um das Massieren nicht entflammbarer Alltagskörperstellen.

Am Morgen hatte ich mich bei der Alten an der Rezeption nach einer Massage erkundigt. Am Abend war sie fündig geworden. Als ich in die Pension eintrat, schob sie mit einem Lächeln Oh vor den Tresen, Oh mit Handtuch und Handtasche in der Hand. Sie hielt uns an, aufs Zimmer zu gehen. Es kümmerte mich in diesen Sekunden nicht weiter, wo und wem meine Haut sich anvertraute. Ich wollte die Augen schließen und eine warme Hand auf meinem Rücken fühlen. So stiegen wir die Treppe hinauf, um den Gang hinunter bis zum letzten Zimmer zu gehen, das in diesen Tagen mein Quartier geworden war.

Ich liege nun auf dem Bett und Oh beugt sich, mittlerweile nackt über mir kauernd, bis zu meinem Ohr hinunter, an das sie ihre Lippen drückt, um etwas hineinzuhauchen, bis ich ihren fruchtigen Parfumduft riechen, die Spitzen ihrer Brüste und ihre warme Haut spüren muss. Sie atmet. Sie lacht. Dann trommelt Oh wild mit ihren Handkanten auf meinen Schulterblättern herum, so wie sie es vermutlich einmal in einem Karate-Film gesehen hat. Ich halte meinen Kopf auf das Kissen gedrückt, der Versuch zu entspannen. Ich höre den blechernen Lärm der Klimaanlage, einen Fernseher und Ohs Kichern. Durch die dünne Schiebetür dringen Stimmen. Die Lichtröhre taucht das Zimmer in ein Blau und lässt mich frösteln. Oh fährt mit ihrer Hand durch mein Haar. Dann höre ich sie auf dem Nachttisch wühlen. Sie greift nach dem Papierblock, auf dem das Logo der Pension aufgedruckt ist, und nach einem Stift und ich kann ihre Tätowierung sehen, ein fließendes Ornament, von ihrer Schulter kommend, bis auf den Handrücken hinunter.

Oh malt ein paar Thai-Zeichen auf das Papier und daneben eine Zahl. Dann schiebt sie das Papierstück vor mein Kissen, wo ich es sehen kann, und tippt ausgiebig mit dem Stift darauf. Oh lacht wieder und legt ihren kleinen Oberkörper auf meinem Rücken ab. Ich schüttele den Kopf und deute auf meine Schulter, begleitet von Geräuschen, die sich komisch für sie anhören müssen. Nicht viel komischer allerdings als Ohs Schriftzeichen, fremd, aber eindeutig, auf mich wirken. Jetzt hat Oh eine andere Idee und malt andere Zeichen und Zahlen auf das Papier. Oh versucht nun, ihre Hände unter meine auf der Matratze ruhende Scham zu schieben, wo ich doch längst entschieden habe, dass es dazu nicht kommen wird.

Jede Handlung Ohs ist einstudierter Ausdruck einer Vermutung. Die Vermutung, jene Handlungen würden der allgemeinen Lust der Männer, einem westlichen Begehren in einer solchen Situation entgegenkommen. Eine einfache Massage befindet sich nicht in ihrem Repertoire. Wessen Fantasie wird hier eigentlich animiert?

Oh streift Slip, Shorts und ihr Top über und befreit uns von ihrer Nacktheit. Ihr Blick versucht es mit einer letzten Portion unechter Begierde. Doch ich erkenne den zerrissenen Stolz, der in ihren Gesichtszügen verweilt. Und ihre Enttäuschung über verlorene extra Baht.

Eine Prise aufdringlicher Verlorenheit schwappt durch die Luft des Raumes. Sie rafft Lippenstift und piependes Smartphone in die Handtasche, es ist tiefe Nacht, als Oh geht. Vom Flur her kann ich ihr kindliches Lachen hören. Die kalte Klimaanlage arbeitet mühlenhaft.

Wir waren am gleichen Ort, zur gleichen Zeit. Bevölkerten eine gemeinsame Landschaft. Wer zum Fenster hineinblickte und uns betrachtete, sah befristete Intimität. Und doch teilten wir nichts. Nicht einmal die gleiche Erinnerung an diese Augenblicke in einem kalten Zimmer von Phuket.

Als ich mich an die Stelle auf der Bettkante setze, wo noch vor Kurzem Oh saß, erinnere ich mich plötzlich wieder an etwas, das Danny mir erzählte. Sie berichtete von den Massagen durch Blinde.

Am nächsten Abend sehe ich tatsächlich ein Schild: »Massage by the Blind«.

Einundzwanzig

Vom Fühlen und Sehen

»Wenn ich träume, sehe ich weder Bilder noch Farben«, sagt Somchai. »Doch ich empfange Geräusche und Berührungen, Worte und Stimmungen. So kann ich träumen.« Ich kann nachts nicht schlafen wegen der Medikamente. Es gibt auch keine Träume. Doch nun interessiert mich die Frage: Wie wäre es, wenn jemand mit den Händen sehen könnte. Wenn er allein durch das Berühren eines Körpers fühlte, was für einem Menschen er begegnet. Und was für eine Geschichte er zu hören bekäme. »Heilsame Berührung« bedeutet das ursprüngliche Wort für Thai-Massage in unsere Sprache übertragen. Können blinde Menschen mit den Händen sehen? Können sie meinen augenblicklichen oder vergangenen Zustand wahrnehmen? Meine Gedanken und Träume durch Ertasten erkennen?

»Wusstest du«, fragt Somchai, »dass die Ohren von Blinden und Sehenden zwar gleich ausgebildet sind, das blinde Gehör jedoch schärfer gestimmt ist, weil wir es mehr trainieren? Visuelle Reize rauben uns Blinden keine Aufmerksamkeit.«

Somchai wechselt mir einen Geldschein, ohne lange nach dem richtigen Wechselgeld tasten zu müssen. Das ist erstaunlich, denn die Maße aller Baht-Banknoten sind nahezu identisch.

Für Blinde ist die Aussicht auf Beschäftigung in Thailand gering. Sie gehen nicht zur Schule. Später finden sie gewöhnlich keine Jobs und sind auf Almosen angewiesen. Keine Chance zum Aufstieg. »Ich habe früher Lose für die Lotterie verkauft«, erzählt mir Somchai. »Allerdings haben die Leute mehr Lose aus der Kiste genommen, als sie bezahlten. Das ist dem Chef eines Tages aufgefallen.«

Sachte, achtsam und routiniert rutschen die Masseure über die Körper ihrer Kunden hinweg. Sie tasten, pressen und rangieren. Dann sind es wiegende Bewegungen, mit sämtlicher Fülle. Die gespannte Konzentration auf den anderen Körper spiegelt sich in der Mimik der Blinden.

Manchmal, wenn die Anstrengung zunimmt, will Somchais rechter Augapfel aus der Höhle kullern. Wohldosiert werden die Straßen meiner Nervenautobahn immer wieder gepresst. Eine durchdringende, wohlige Wärme steigt auf, die bis in meinen Kopf fließt und ein Gefühl von Geborgenheit schenkt.

Ich will wissen, was Somchai fühlt, wenn er meine Marmapunkte massiert. Er tastet nach meinem linken Fuß und arbeitet sich vor. Plötzlich sagt er in meiner Sprache: »Kaputt.« In meinem Oberschenkel spüre ich einen Schmerz, den ich zuvor nicht wahrgenommen habe. Der Blinde nimmt sich weitere Regionen meines Körpers vor. Ich sei auf einer langen Reise, sagt er. Aha, soso. Es könnte die Reise durch das Leben oder meine Weltreise gemeint sein. Somchai könnte aber auch das Horoskop aus der *Gala* deklamieren. Das passt auch immer, irgendwie.

Somchai stemmt seinen Ellenbogen in mein Fleisch und schließt die Augen, den Kopf in den Nacken gelegt. Er stößt Laute in einer Sprache aus, die ich nicht verstehe. Ich will wissen, was er noch erkennen kann. »Stille«, antwortet er. Ich bin enttäuscht, denn ich verstehe nicht, wovon er da spricht. Dann sagt Somchai: »Der Sturm deiner Gedanken ist eingeschlafen.«

Ich liege auf dem Rücken, es riecht nach Zitronengras, und mir ist warm. Gebe meinen Gedanken nach und erkenne, wie das spärliche Sonnenlicht durch das Fenster mein Gesicht noch einmal streift, bevor es kaum mehr durchsickern kann durch die monsunschwere Wolkenwand, die nur lauert, ihre Regenfäden auszuwerfen.

Seit sechzig Tagen unterwegs, habe ich für eine Weile nun die Einsamkeit überwunden, die mit dem Reisen in der Fremde kommt, die einen immer wieder überfällt, obwohl man auf sie gefasst ist, weil sie einen ja dauerhaft umgibt. Weil wir Angst davor haben, dass kein Leben in uns lodert, es keine Heimat in uns gibt, wenn uns niemand wahrnimmt. Die Aufmerksamkeit des Menschen, sie nimmt uns voll in Beschlag.

Hier bei Somchai begreife ich, dass man die Einsamkeit braucht, sie umarmen muss wie ein Geschenk. Wie etwas, das vom Aussterben bedroht ist. Seitdem ich allein unterwegs bin, wird alles reicher. Durchlässig, offen, klar. Meine Sinne werden schärfer. Ich sehe mit allen Sinnen. Ich erkenne, dass man sich in der Einsamkeit geborgen fühlen kann, dass Freiheit die Einsamkeit braucht.

Ich wollte Abstand, mich entziehen – dem, was sonst ist. Es braucht das Fortgehen, damit sich ein Möglichkeitenmosaik ausbreitet. Damit das Vertraute versickert. Damit man sich an seine inneren Sinne anpirscht und Ruhe einkehrt. Hier in Thailand fühle ich zum ersten Mal, dass ich im richtigen Rhythmus bin. Ich rücke an die Essenz meiner Existenz ran.

Das Heilmittel ist die Köstlichkeit der Gegenwärtigkeit. Mir wird klar, dass wir immer allein sind. Der Unterschied liegt in der Gegenwärtigkeit, mit der wir dies erkennen. Schon im Himalaja nahm ich mehr Regungen in mir und um mich herum wahr. Weil kein Bleichmittel wirkte.

Dann sagt Somchai noch etwas Kluges: »Wäre es nicht wundervoll, wenn wir vergessen könnten? Dann würden wir in jedem Moment neu geboren.« Ich lege die Hände auf meine Augen, schließe sie und bin voll Freude, dass ich für ein paar Momente nicht sehe.

Zweiundzwanzig

Die Insel

Mehr Palmen als Menschen und der Weg eine rote Piste. Gottes einziges Gasthaus eine Moschee. Die allgemeine Beschaffenheit der Umgebung erinnert mich an William Goldings *Herr der Fliegen*. Eine Reklamation, das Erwachsenwerden betreffend, eine Verweigerung jedweder Wahl, das Leben außerhalb von Grenzen entdeckend.

Von fern hört man noch das charakteristische Motorenknattern. Eines der Long-Tail-Boote setzte mich über auf diesen fremden Flecken – ein Ende der Welt. Man hört es noch eine Weile vom Bootsheck her rattern, obwohl es regnet, doch langsam waschen sich die Töne hinter grünen Felsen aus wie der Sound eines vertrauten Songs auf iTunes, und man hört nur noch den warmen Regen auf Palmenblätter und Dächer aus Bambus prasseln. Dann bin ich allein.

Ich fahre mit dem Motorrad bis an die Nordseite der Insel. Ich hatte in Phuket Town von ein paar Thais gehört, die in Bambushütten über dem Meer leben. Ich miete eine dieser Hütten und bleibe ein paar Tage. Nachts schlafe ich auf der Veranda, unter einem Moskitonetz. Am Ufer flammt ein Feuer, ich höre es knistern. Funken fliegen. Aus dem Meer ragen Felsen, Muscheln werden an das Ufer geschwemmt. Ich fahre mit dem Holzkanu zu den Felsen und klettere hinauf. Ich fange Fische, brate sie auf der Glut meines Feuers. Ich lese und schreibe. Ich trinke Gin, um mich den Attacken der Moskitos zu entziehen. Darauf beschränken sich meine Insel-Tätigkeiten.

Die Insel, ein Sehnsuchtsort. Die Landschaft wie ein Popsong. Ein Landstrich wie in den Liedern der *Beach Boys*, wie ein Best-of Album der *Kings of Convenience*. Doch was kommt, wenn man den Ort seiner Sehnsucht erreicht hat? Wenn man sich nicht mehr aus der Gegenwart in Träume oder Sehnsüchte verdrücken kann, weil man dort ist, wo man hin wollte? Es ist so viel einfacher, sich immer wieder aus dem Staub zu machen, gedanklich oder tatsächlich.

Der Robinson-Impuls setzt ein, man will von der Insel fliehen. Doch in der Limitierung liegt das Glück meines Insel-Lebens hier, meines Verbleibens, meines Verweilens. Und nicht in dem Robinsonhaften, der Katalog-Strandschönheit. Nietzsche hat es so treffend beschrieben: »Wonach sehnen wir uns beim Anblick der Schönheit? Danach, schön zu sein: Wir wähnen, es müsse viel Glück damit verbunden sein. – Aber das ist ein Irrtum.« Die Limitierung schafft eine Chance: Mein ganz eigenes Leben zu führen. Die Limitierung schafft Freiheit. Sie bringt Frieden.

Jeden Abend kommt der Regen. Wir fahren zur sogenannten Karaoke-Bar. Ich will ein Bier trinken. Der Besitzer meiner Hütte, Arun, fährt mich mit seinem Tuk Tuk. Arun trägt Schnurrbart und einen Strohhut. Und er ist Muslim, wie alle Inselbewohner hier.

Bunte Lichter blinken. Zugegeben, die Stille ist sonderbar für eine Karaoke-Bar. Andererseits: Noch ist die Nacht unschuldig. Aber längst sind die Mädchen da. Ich habe sie nur nicht gleich wahrgenommen. Mein Blick fällt sofort auf die Musikbox. Einsam steht sie im Halbdunkel der Ecke. Unter der Glasscheibe sind die Interpreten-Lieder-Etiketten von Hand beschriftet. In der schönen Thai-Schrift.

Ich stelle mich an die Bar. Die Frau dahinter tut gelangweilt. Vielleicht ist sie es auch. Ich bin der einzige Gast. Ich nehme das Bier und lache die Barkeeperin an. Sie lächelt matt zurück. Das ist alles, was passiert.

An einem Tisch im Garten sitzend, erzählt Arun von der Hotelkette, die ihm sein Land abkaufen will. »Sie haben mir Geld geboten.«

»Verkaufst du?«

»Nein.«

»Für eine Million vielleicht? – Dollar!«

»Nein. Niemals.«

Er habe einen Verkauf erwogen, dann sei ihm aber klar geworden, er habe schon alles, könne nicht reicher, nur ärmer werden. Sein Land, die Hütten, seinen Frieden. Das sei nicht viel, aber doch alles. Generationen seiner Familie lebten auf diesem Grund. Die Heimat wäre ja gleich mit verscherbelt.

»Was würdest du mit einer Million tun?«

»Ich würde mir Land, Hütten und Frieden kaufen. Ich brauche das Geld also nicht.«

Dann geht Arun doch noch zur Musikbox. Um die Stille zu besiegen. Um »sanuk« zu verströmen. Um Scorpions zu singen, Thailands Musikhelden: »Always Somewhere«. Neben mir Aranja, die auf ihr Handy starrt. Die anderen Mädchen tanzen. Ich schaue ihnen dabei zu. Wie die Mädchen plötzlich heiter, wie sie ausgelassen und wunderschön tanzen.

Aranja schlingt ihre Arme um meinen Hals, und nach einer Weile, gerade als sie meint, ich würde es nicht bemerken, und ich ja auch gar nicht so schnell irgendwohin kann, fern jeder Anfechtbarkeit also, da schiebt sie ihre Hand an meinem Bauch hinunter. Plötzlich herrscht ein nüchternes Klima. Es gibt nichts Zweideutiges, Metaphorisches mehr.

»Girlfriend?«

»Married«, lüge ich.

Um dann zu gehen.

Jemand hat Janis Joplin gedrückt: »Me and Bobby McGee.«

Ich mag es, auf Dächern zu liegen. In Wohnungen mit blauen Wänden. Ich denke an die Tage, die ich auf einer der anderen Inseln verbrachte, wo ich mit Mina auf dem Rücken lag.

Eine Bar auf einem Felsen, hoch über dem Meer. Wir liegen auf dem Dach der Bar, auf einem Berg von Fragen. Man kann von hier die Typen erkennen, die am Strand immer ihre Feuer-Jonglier-Show geben. Dort, bei den Pyro-Jungs, wird auf Bambusmatten lotussitzend getrunken, gekifft und gesmartphoned, um krass gechillte Seelenlagen nach Hause zu posten.

Die rauschende Palmenbucht, der zahme Pulsschlag, ein poliertes Meer, flirrend, mondbeschienen. Am Himmel die Sterne. Unten unsere Pläne, die ohnehin keine richtigen Pläne sind, mehr wacklige Ideen, und die mit uns auf dem Rücken liegen. Unsere Lippen bittersüß vom Gin und Tonic. Ich weiß, wer Mina ist. Bleiben kann auch sie nie. Das sehe ich. Wir holen unsere Geschichten hervor, hören die Lieder.

Israel: ein Aufbruch, ein Anfang, so groß, so blau. Ich will kein neues Leben, nur reiche Tage. Mit dem ersten Sonnenaufgang in Tel Aviv schmecke ich plötzlich das Aroma des Abenteuers, das vor mir liegt.

Das alte Jerusalem lebt hinter Mauern. Wer Licht sehen will, muss auf die Dächer steigen: Von dort oben strahlt die Stadt in glühendem Gold. Die Altstadt verwahrt das Jahrtausendparfum der ganzen Welt. Arabische Händler bieten Brot, Gewürze und Kardamom-Kaffee. Gläubige pilgern zu den heiligen Wundern.

Indien wird regiert von den Brauntönen dieser Welt, wie ein monochromer Regenbogen. Delhi atmet aus – und ich das Leben ein. Auf den Straßen hält sich niemand an Regeln, trotz Aufforderung. Wer eine Hupe besitzt (also jeder), der hupt. Wer am lautesten hupt, hat Vorfahrt.

Lärm und Dreck, Gesetze und Gegensätze: Alles fließt ineinander. Und die Menschen beherrschen »jugaad«, die Kunst der Improvisation, Widrigkeiten aus dem Weg zu gehen. Ein Sikh mit Turban und Schwert am Straßenrand. Getrennte Fußwege für Frauen und Männer. Doch niemanden kümmert es.

»Morning glory,
the clouds are melting
on the mighty rock.«

Die Bürde des Lebens im Himalaja: Menschen transportieren enorme Lasten aus eigener Kraft, eine Überlebensnotwendigkeit in diesen Höhen. Yaks sind starke Tiere, die auch den reißenden Flüssen standhalten. Das weite Amphitheater von Namche Bazar wird meist vom Nebel verschluckt.

Thailand – alles und mehr: Auf der Touristeninsel Phuket erfüllt man jeden Wunsch der Reisenden. Im ganzen Land wettet man in Boxstadien auf Gewinner und Verlierer. Und das nur aus einem Grund, aus »sanuk«, aus Freude am Spiel.

Mein Robinson-Leben ist beschränkt auf wenige Tätigkeiten. Beim Meditieren auf Ko Pha-ngan schule ich meine Achtsamkeit. Unschätzbarer Vorteil: Die Praktiken machen mich immun gegen herabfallende Kokosnüsse vor der Gebetshalle.

Neulich beim Guru auf Bali: Auf der Suche nach Heilung von meinem Schwindel fahre
ich mit dem Motorrad durch Reisfelder, sattes Grün und an betenden Menschen vorbei.
Der Guru besitzt »śakti«, die Fähigkeiten eines Meisters, eines Erleuchteten.

In Transitgewittern: Mit dem Indian Pacific geht es durch die weite Wüste des Outbacks und heiliges Aborigine-Land. Von der Westküste in Sydney bis zur Endstation Perth an der Ostküste Australiens sind es über 4000 Kilometer.

Lebensart in Perfektion: In Japan entdecke ich im Fuji einen makellosen Berggipfel und Tempel wie Raumschiffe. In Kōya-san esse ich »shōjin«, buddhistische vegetarische Küche. »Shōjin« fügt den vier Geschmacksrichtungen noch eine fünfte hinzu: »umami«, Würze oder Schmackhaftigkeit.

Hanami in Tokio: Wenn die Kirschblüte kommt, herrscht Ausnahmezustand. Dann lassen sich alle beim Picknick im Park von ihrer Schönheit verzaubern. Ein Businessman genießt derweil die Alleinherrschaft in der Pachinko-Spielhalle. Tokio handelt von Höflichkeit und Einsamkeit. Und von »karoshi«, dem Tod durch Überarbeiten.

Vietnams Hauptstadt Hanoi im Fluss der Zeit: Jeder Morgen spült einen Schwarm Vespas und Fahrräder in die Stadt. Junge Frauen verkaufen in den Gassen Früchte, Gewürze und Blumen. Alte Männer sitzen stundenlang im Schatten, lesen und brüten über Brettspielen. Zwischendurch erfrischen sie sich mit Tai-Chi.

Burma, archaisch und widersprüchlich, wie eine Zeitreise: Ochsenkarren und Motorroller teilen sich die Straße. Ein Steinmetz bearbeitet mit einem Winkelschleifer eine Buddha-statue, weißer Staub auf seinem schwarzen Haar. Der Käufer wird vor dem Erwerb über den Gesichtsausdruck des Buddhas entscheiden. Glück nach Plan.

»Bagan ist mystisch.
Ich kann mich nicht sattsehen
an diesem Meer aus roten
Türmen und grünen Feldern.«

Auf dem Weg in die Freiheit? Safranrote Mönchsgewänder, goldene Pagoden und Fröhlichkeit prägen Burma. Die ehemalige Hauptstadt Yangon hat sich noch nicht entschieden, ob sie Vergangenheit sein will oder Zukunft. Aus feuchten Hauswänden sprießen Satellitenschüsseln und Unkraut.

In Lissabon lebe ich eine Zeit lang in einer schmalen Gasse. Auf dem Pflaster höre ich Schritte. Menschen gehen nach Hause. Und doch verspüre ich sogleich den Drang nach Ferne. Wäsche weht wie die Segel der großen Abenteurer von damals. Und immer weht »saudade« mit, die Sehnsucht nach Rückkehr – nach Lissabon und in die Welt.

»Wenn wir ewig hier liegen könnten«, meint Mina plötzlich.

»Jeder Moment zieht vorüber«, sage ich.

»Was vorüberzieht, kann wiederkommen«, sagt Mina in die Verlorenheit des Morgens hinein, und damit hat sie wohl gewonnen. Future Islands: »People change, even though some people never do / You know when people change / They gain a piece but they lose one too.«

Wir entscheiden, noch auf dem Dach liegen zu bleiben, so nah bei den Sternen, ohne dass diese Entscheidung für jemanden von uns hörbar ist.

Alles, woran ich mich noch erinnere, ist, dass Mina meine Hand nahm und ich mich für einen Moment nicht allein fühlte.

Teil 2

INDONESIEN

Neulich beim Guru

Dreiundzwanzig

»Sakti«

Das Meer brennt. Die Flamme, ein wie mit dem Zirkel gezogener Halbkreis, senkt sich in die Horizonttasche. Eine Erinnerung an alles Transitorische. Daran, dass alles, was geht, wiederkommen kann. Dass man auch das Vorübergehende lieben kann. Ein hinduistisches Ja. Wie immer in diesen Tagen und Nächten in Bali hatte gerade noch der Monsunregen über die Wellen gepeitscht. Bis das brennende Meer wieder ruhend dalag, als habe sich nichts Ungewöhnliches zugetragen. Alles ist von mir abgefallen. Meine Leichtigkeit ist zurückgekehrt.

Der Guru ist eine schmale Gestalt. Von heiliger Gelassenheit. Der Wind fährt durch seine weißen Haare, lässt im Hintergrund das Glockenspiel tanzen und klingen. Das Gras, froschgrün und glänzend, biegt sich unter dem heiteren Wind und faucht leise. Von woher der Guru erschien, war nicht ersichtlich. Nun sitzt er im Garten auf einem schiefen Bambushöckerchen vor seinen Schülern, die längst in seinen Bann gezogen sind, gespannt darauf warten, was sich wohl zutragen wird.

Unter dem »bale«, einem offenen Pavillon in der Mitte des Gartens, sitzen wir dachbeschattet. Ketut Puris Haut ist wie aus Bronze gemacht, mit Terrassen durchsetzt wie ein Reisfeld. Und doch liegt eine Unschuld in dieser Haut. Der Guru trägt einen braunen quadratgemusterten Sarong und ein weißes Hemd. Ketut Puri gehört zur Kaste der »Kshatriya« und besitzt »Sakti«, die Fähigkeiten eines Meisters, eines Weisen, eines Erleuchteten. An diesem Tag wird mich Ketut Puri heilen.

Die Kurven kamen und gingen auf meinem Weg hierher. Immer folgte noch eine weitere. Mit dem Moped und meiner verschwommenen Sicht fuhr ich an roten Backsteinhäusern vorbei, an leuchtenden Reisterrassen, an Statuen und gebeugten Hauseingängen, an Tempeln und Altaren und immer wieder durch eine Bande von Hunden hindurch. Wäre der Fahrtwind nicht gewesen, hätte Stille geherrscht, unterbrochen nur vom »Kling-klong« der Windspiele, dem Ratschen der Besen und den heiteren Stimmen. Je tiefer ich in das Innere der Insel vorstieß, desto leichter fühlte ich mich, die schweren Fragen schienen ferner zu sein. Ich fühlte mich gelöst und wohl dabei. Die balinesischen Gesichter jagten lachend an mir vorbei. Ich lachte zurück.

Mehrfach musste ich anhalten und meinen Zettel herzeigen. Vor ein paar Tagen war ich in der Hauptstadt Denpasar Putu begegnet, einem Lehrer. Er hatte aufgeschrieben, wo ich den Guru finden konnte. Nun suchte ich nach dem Mann, an Dörfern wie Kerambitan und Tabanan vorbeifliegend. Ich stand immer wieder vor freundlichen Menschen, senkte den Kopf, faltete die Hände. Man deutete in neue Richtungen, schickte mich weiter. Gerade hatte ich die Hoffnung aufgegeben, da kam ich doch noch vor dem Tempel von Ketut Puri zum Stehen. Ich ging hinein.

Ich zeigte dem Guru mein Blatt Papier. Putu hatte meine Symptome darauf in balinesischer Sprache notiert. Auf Bali wird Indonesisch gesprochen und Balinesisch, eine eigenständige Inselsprache. Hier leben überwiegend Hindus. Auf dem Zettel stand sinngemäß: Mann, Sudra-Kaste, Berge, Gleichgewicht kaputt.

Hätte ich mein Gleichgewicht bei einem ordentlichen Rausch eingebüßt, wäre ja alles in Ordnung. Aber dieser Dauerschwindel nervte nun doch langsam maßlos. Ich hatte Putu gebeten, die lange Dauer meines Leidens auch noch in das Empfehlungsschreiben aufzunehmen. Er hatte abgewunken. Alles entsteht, alles vergeht. Nur die Seele, die bei den Hindus ja sehr strapazierfähig ist, die bleibt. Ich freundete mich mit dem Gedanken an – gleiche Seele, neuer Körper – wiederzukommen, diesmal als Koala, oder als Känguru vielleicht, schwankend durch die Wüste streifend.

Ketut Puri schaute auf das Blatt. Dann blickte er mich an. Sah in meine Augen. Ich habe noch nie einen so klaren, ruhigen Blick gesehen. Vollkommene Klarheit. Er bedeutete mir, mich auszustrecken. Die Sache schien gleich entschieden.

Hier liege ich nun auf dem Rücken auf einer beigen Bambusmatte. Über mir Ketut Puri. Er legt seine Hand auf mein Gesicht und streicht daran herunter. Eine Geste, die man aus dem Tatort kennt. Die Hand riecht nach Zitronengras. Ich lebe noch. Oder ich mache Bekanntschaft mit dem Duft des Himmels. So klar ist das gerade nicht mehr.

Ketut Puri scheint über mir zu schweben, sein weißes Haar, sein Sarong, im Schneidersitz. Er greift nach einem Gegenstand, einem Bleistift, und holt eine Bambusschale hervor. Ich kann Palmen nicken sehen, die über das Dach des Pavillons hinausschießen. Dann breitet sich weiße Luft in meinem Kopf aus.

Der Guru schließt die Augen, und ich tue es ihm gleich. Dann kommt der Schmerz. Schock und Schmerz sind wohl darum so unvermittelt, so wuchtig und vehement, weil ich nicht damit gerechnet habe. Ketut Puri jagt mir den Bleistift in den linken Fußballen. Dann dreht er den Stift in meinem Fuß, als müsse der mal wieder angespitzt werden. Eine wohlige Wärme breitet sich, bei 40 Grad im Schatten, in mir aus. Ketut Puri indes singt mir unverständlich Geheimnisvolles, Mantraartiges in eine geduldige, reine Luft hinein.

Ich bin wie im Rausch, trunken, euphorisch von Ketut Puris gebohrten Gaben: Alles fühlt sich klar an, ich kann wieder gehen, ohne zu schwanken, meine Hand ausstrecken, ohne an einer Tasse vorbeizugreifen, ohne verschwommene Wahrnehmung Motorrad fahren. Ich will jetzt Bewegung. Will dort sein, wo ich nicht bin. Ich sitze auf dem Motorrad und fahre durch die Felder. Ich will gar nicht mehr aufhören, will endlos auf Balis Straßen fahren.

Ich fahre und fahre, schaue und schaue, durch den Monsunregen hindurch. Als ich am Strand ankomme und in den schwarzen Sand falle, bin ich erschöpft und zittere. Das Meer brennt.

Manchmal, auf Reisen, im Rhythmus einer Reise, da versinkt man. Dringt vor, entfernt sich aus der Welt. Flüchtet aus der Wirklichkeit, rennt durch seine inneren Landschaften. Wandert auf Traumpfaden. Einem Netz aus Gedanken und Gefühlen. Empfindungen einer inneren Ordnung – besser: eines inneren Chaos. Durchreist die Welt, aber streift sie nur, blickt sie an und direkt in sich hinein. Fährt von zu Hause fort, um zu sehen.

Der Guru hat mich geheilt. Schenkte mir Gleichgewicht und Gegenwärtigkeit. Ich kann wieder klarer sehen, fühle meine Leichtigkeit. Ich habe das Gefühl, ich müsse mir die Wüste ansehen. Dort soll es Geister geben. Schöpfergeister, Spirits, uralte Seelen, die noch ältere Lieder singen. Ich fliege nach Australien.

AUSTRALIEN

In Transitgewittern

Vierundzwanzig

Ausgeträumt in der Wüste

Ein durchdringender Schrei weckt mich. Die bremsenden Räder des erschöpften Zuges. Endstation Perth. Erst will ich gar nicht aussteigen. Ich habe den Kontinent durchquert und doch das Land nicht verlassen. Eine viertausend Kilometer lange Passage. Mit dem Indian-Pacific. Vom Pazifik zum Indischen Ozean. Von Sydney nach Perth. Vielleicht habe ich Angst auszusteigen, weil es so bequem war, alles an sich vorbeiziehen zu lassen – ohne je etwas tun zu müssen (nur den Weg in den Speisewagen orten und Gin Tonic ordern).

Ich war froh, dass uns dieser Schlauch aus Stahl vor der bissigen Sonne schützte. Wir fuhren dahin, behütet. Städter, mit wenig Mut und allerlei Ängsten. Die Stimmung stieg mit jeder Meile Outback, die der Zug unter sich begrub. Das lag auch an den Drinks.

Doch immer wieder ergriffen mich auf diesem Weg neue Schauer von Rastlosigkeit und Tristesse. Warum nur, fragte ich mich. Gut möglich, dass ich auf der Reise durch das australische Outback, dieses sandstaubbrotfarbene Hinterland, ein weiteres Ende der Welt und die Antwort auf diese Frage mit meinen eigenen Augen gesehen habe. Und gut möglich, dass die Antwort sogar das übersteigt, was schon John Steinbeck am eigenen Leib und Herzen diagnostizierte. Der Schriftsteller meinte, der Grund seiner Rastlosigkeit sei vielleicht, dass er noch nicht jedes Zuhause gesehen habe.

Das erste Mal sah ich einen Aborigine vor zehn Jahren. Das war in Alice Springs. Er torkelte. In seine Augen zu blicken war nicht so leicht. Als es mir doch gelang, war darin nichts zu erkennen. Nichts. Und alles. Der Mann, der fortwährend umherstreifte, wirkte in allem, was er tat, verwirrt. Wie die anderen Aborigine-Männer in Alice Springs, die mir begegneten.

Die Aborigines sind ein Buschvolk, Nomaden, auf unsichtbaren Traumpfaden, sogenannten *Songlines*, wandernd. Bis Ende der Fünfzigerjahre lebten sie nackt und jagend im australischen Outback, waren im Einklang mit der Natur, ihrem natürlichen Lebensraum, zogen, einer mythischen Landkarte folgend, über den Kontinent. Doch die Pfade dieser Urnomaden werden zerstört. Die Zivilisation walzt als Planierraupe auch an diesem Ende der Welt. Die Aborigines werden zur Sesshaftigkeit gezwungen. Städte, Bergwerke, Zäune, Eisenbahnschienen – sie blockieren ihre *Songlines*, verhindern ihr Umherziehen, ihren *Walkabout*. Sind die Traumpfade unpassierbar, wird etwas auf der Landkarte ausradiert, so der Glaube der Aborigines, dann können die Seelen ihrer Geister nicht zur Ruhe kommen. Sie irren rastlos umher. Die *Songlines* verstummen. Der Kreislauf des Lebens wird unterbrochen.

Der Zug hält nachts im Nirgendwo. Ich steige die Stufen hinunter und suche am Himmel nach dem Mond. Ich laufe die Schienen ab, dahinter ein endloser Zaun. Der Kaninchenzaun, der üppiges Nichts von mehr Nichts abtrennt, der längste Zaun der Welt. Ich muss an den Film »Long Walk Home« denken, der die wahre Geschichte von drei Aborigine-Mädchen erzählt. Die Mädchen laufen den »Rabbit-Proof Fence« entlang, tausend Meilen Maschendraht, die nach Jigalong führen, marschieren über Spinifexgras, das ihre Füße zersticht, schlafen unter Akazienbäumen. Die Sonne verbrennt ihre ohnehin schon schwarzbraune Haut. Ihre weißen Kleider sind schmutzig, wehen im Wind. Sie essen Ameisen, Käfer und Wurzeln. Sie überleben die Wüste. Weil ihre Struktur für die Wüste bestimmt ist. Weil ihre Instinkte in der Wüste geboren wurden. Weil die Wüste ihr Zuhause ist.

Man hatte die Mädchen von ihrer Mutter getrennt, sie in ein Umerziehungsheim gesteckt, wo der weiße Mann sie als Weiße erziehen wollte, bis sie – ihrem Instinkt und ihrer Identität hinterherjagend – sich eines Nachts auf eine Wanderung durch den Busch begeben. Sie wandern nach Hause, immer am Zaun entlang, dem Ruf ihrer Ahnen folgend. Jeder Baum, jeder Stein, jedes Tier, dem sie unterwegs begegnen, singt ihnen einen Song, erzählt eine Geschichte über das Leben der Aborigines. Weist ihnen den Weg. So durchqueren sie die Wüste, laufen zurück ins Leben.

In seinem Buch *Traumpfade* beschreibt der Schriftsteller Bruce Chatwin, wo er den Quell unserer Ruhelosigkeit vermutet, unser Verlangen nach ewig Neuem. Er schreibt, dass diese Ruhelosigkeit in der Vergangenheit, hier in der Wüste, im Kern der Lebensweise der Aborigines zu finden sei. Jetzt blickte ich drei Tage und Nächte lang auf die Wüste und verstand, wovon Chatwin schrieb:

»Wenn die Wüste das ›Zuhause‹ war, wenn unsere Instinkte in der Wüste geformt wurden, geformt, damit wir die strengen Bedingungen der Wüste überlebten – dann ist es leichter zu verstehen, warum grüne Wiesen uns langweilen, warum Besitz uns ermüdet und warum Pascals imaginärer Mensch seine angenehme Wohnstätte als Gefängnis empfand.«

Ich blickte aus dem Zugfenster in eine bebende Weite hinein. Spinifexflecken auf einem roten Tuch Erde, Eukalyptus, vorbeirollendes Stroh. Dazu senkrecht wirbelnder Sandstaub, eine anschwellende Wolke, die wie ein Rüssel immer mehr Sand ansaugte. In der Wüste gibt es nichts, was man besitzen kann. Der Himmel setzte zur Dämmerung an. Ich dachte an Chatwins Bericht:

»Bei Nacht, wenn ich wach unter den Sternen lag, erschienen mir die Städte des Westens traurig und fremd – und die Anmaßungen der ›Kunstwelt‹ idiotisch. Hier dagegen hatte ich das Gefühl, heimgekehrt zu sein.«

Ja, so ist es. So fühlte auch ich, als ich am Strand von Tel Aviv aufwachte. Als ich immer höher in den Himalaja lief. Unter den Sternen von Thailand und hier im australischen Outback.

Und, ja, so fühlte ich, als ich zum Uluru kam, wo ich in einem Schlafsack lag und in das Sternenmeer blickte. Als am Himmel das Southern Cross leuchtete, jedem Nomaden da draußen den Weg weisend. Bis sich plötzlich eine Schlange an meinen Schlafsack heranschob. Vielleicht hatte ich auf einem der Traumpfade gelegen. Wer weiß das schon. Für uns sind sie ja nicht sichtbar. Kann gut sein, dass die Schlange nicht ganz glücklich darüber war. In jedem Fall duldete sie meinen Verbleib auf ihrer Straße und schlug einen alternativen Pfad ein.

Vielleicht geht es uns allen so: Wir sind glücklich, solange wir frei sind, zu kommen und zu gehen, wohin und wann wir wollen. Dort zu sein, wo wir sein wollen, und sein zu können, wer wir sein wollen. Und immer wenn wir das nicht können, suchen wir einen anderen Pfad, einen Trampelpfad, einen, der uns auf den Traumpfad zurückbringt, wie die Schlange vor meinem Schlafsack. Wenn uns das aber nicht gelingt, weil wir gezwungen werden zu leben, wie andere es wollen, wie es bei den Aborigines der Fall ist, entsteht Leere, und wir schrumpfen zu Wesen ohne Identität. Wenn es stimmt, was Chatwin schrieb, und man hier bei den Aborigines, an ihrer nomadischen Natur und dem gnadenlosen, groben, rohen Buschland den Anfang unserer Identität ablesen kann, dann stimmt auch der Camus-Satz: »Es beginnt nicht mit der Liebe, sondern mit dem Wunsch zu leben.«

Ich schaute tagelang aus dem Fenster. Stand an der Zugtür, starrte durch das heiße Glas, blickte auf das, was vorbeizog. Sah, wie die sinkende Sonne alles, alles, was grün war, in Gold tauchte. Wie Farben sich änderten, die Nuancen, und sich in mir die Schattierungen der Möglichkeiten aufbäumten, dieses Fest der Unendlichkeiten, und das Gefühl aufstieg, wir bewegten uns ebenso sagenhaft schnell wie grenzenlos langsam. Verfolgte, wie – welch Abgang – der Tag noch einmal für alle den Lohn ausschüttete. Wir fuhren – doch war es ein trügerisches Gefühl.

Alles bewegte sich, die Landschaft zog vorbei. Doch ich, ich stand still. Ich bewegte mich nur scheinbar. War Betrachter, dachte: Wir sind ständig in Bewegung, doch wir bewegen uns nicht mehr. Es gibt den Glauben an das Vorankommen, das Wachstum, den Aufstieg. Doch die große Stagnation beweist, es bleibt beim Begehren.

Für einen Nomaden gibt es nur eine Versuchung, von seinem Weg abzuweichen: in einem schlechten Jahr. Wenn die Natur nur

Mangel gewährt und jedes Überleben gefährdet. Für den sesshaften Städter ist immer alles verfügbar. Die Versuchung unendlich. So bahnt sich der Exzess seinen Weg. So zündeln Bequemlichkeit und Hochmut.

Der norwegische Anthropologe Fredrik Barth schreibt über die Basseri, einen persischen Nomadenstamm, wie sie ihre Identität wiederfanden, indem sie – obwohl ihre Tiere während der Zeit des Verbots unter dem Schah verendet waren – ihr Wanderleben wieder aufnahmen, wieder Menschen wurden:

»Es war die Freiheit zu wandern, die für sie den höchsten Wert hatte, nicht die Umstände, die es wirtschaftlich lohnend machten.«

Ich reiste entlang der Bruchlinien unserer Welt. Wie die Mädchen am Zaun entlang, nach Hause wandernd. In Transitgewittern. Ich war weiterhin auf dem Weg nach Osten, dorthin, wo man erstaunlich nah an das Ende des Westens kam. Die Leere des Outbacks hatte meine Seele rot gefärbt. In Japan konnte man sich wohl in Sake ertränken, nicht aber in Weite. Dafür hatten sie Zen. Es ging ums Detail. Und es war Kirschblütenzeit. Ich erinnerte mich an etwas, von dem ich unterwegs gehört hatte. Dass es in Japan einen Schweizer geben sollte, der dort in den Bergen als Mönch lebte, und dass man dort in Tempeln wohnen konnte. Davon wollte ich erfahren.

Ich flog nach Tokio.

JAPAN

Das Ende der Zukunft

Fünfundzwanzig

Tokio: »karoshi«

Der Mann lehnt michaeljacksonhaft an einem Pfeiler, mit Hut und Maske und weißen Strümpfen, die Augen geschlossen, den Kopf gesenkt. Die letzte Airport-Metro trifft die späte Nacht. Ein Sonderzug in die Zukunft: vom Flughafen Tokio Haneda nach Asakusa, dem vorvorletzten Stopp auf der schweinchenrosa Linie. Die Bahn fährt langsam an. Der Mann bleibt schlafend zurück. Am Ende der Fahrt erreiche ich eine stille Stadt.

Mit der geräuschlosen U-Bahn-Rolltreppe hinauf in eine leise, grelle, futuristische Kulisse. Stahl, Glas, Lichter, Fronten, Skulpturen, Wunschbilder. Die wenigen Menschen auf den Bürgersteigen halten beim Sprechen eine Hand vor das Smartphone. Am Tempel zwei Alte mit Hüten, in ihre Andacht versunken. Lächelnd zünden sie Kerzen an. Taxis fahren lautlos an mir vorbei. Ich überquere eine Brücke, der Fluss wird unbemerkt ins Meer münden. Die Nachtlichter Tokios: Erstaunliche, nicht enden wollende Neonlichtermeere sind das, vom Himmel her kommend, so scheint es, an glatten Fassaden hinabfließend. Unten, am Boden angekommen, sausen sie wieder hinauf. Aber nicht auf verschwenderische, provozierende Art. Tokios Lichter sind keine Las-Vegas-Beleuchtung; nein, sie fließen still und andächtig.

Tokio handelt von Höflichkeit, Respekt und Einsamkeit. Mich streift der Gedanke: ja, und irgendwie auch vom Ende der Zukunft. Immer hatte ich gedacht, Tokio soll Zukunft sein, Jugend und Aufbruch. Dafür hatten sie Tokio doch in die Landschaft und bis weit in den Himmel ragen lassen. Eine Landschaft, von der man kaum weiß, wo sie ihren Anfang nimmt und wo sie endet. Das liegt auch an dem haarfeinen Regen und dem Dunst, der die Stadt einhüllt. Durch Tokio laufe ich die ganze Zeit über mit einem der transparenten Regenschirmen, den alle tragen.

Am frühen Morgen gehe ich los und streune durch schmale Straßen, bin bald müde. Überfordert, vom Schrille-Sachen-Sehen. Das Café gegenüber vom Sensoji-Tempel ist rettende Insel. Und hier erreicht mich das erste echte Geräusch in Tokio. Wie erstaunlich, weil es diese seltsame Stille, diese einhüllende Gedämpftheit, die bislang triumphiert hatte, mit fröhlicher Gewalt durchbricht. Das erste Geräusch, es ist schön, dringt aus dem Café und ich werde es nicht vergessen können – es ist Musik: »Tokyo Boogie Woogie« von Ryōichi Hattori.

Irgendwie ist Tokio hier aus der Zeit gefallen, denke ich. Das Café ist ein Holzhaus, das auch in Istanbul stehen könnte oder irgendwo auf dem Land oder in den Bergen. Kaum sitze ich auf einer Holzbank und blicke aus dem Fenster, kommt der dampfende Tee und Bewegung in die Szene. Männer mit Trenchcoat und Hut und in teuer schimmernden Nadelstreifenanzügen stehen beisammen und notieren eifrig in Notizblöcken herum. Ich komme mir vor wie bei Dreharbeiten zu einem Krimi. Ich weiß nicht, ob es sich bei den Männern um Kommissare der Polizei oder die Yakuza, die Mafia, handelt, die ein Malheur gleich selbst beseitigt. Ich hoffe auf Ersteres und trinke einen Schluck Tee. In Tokio blickt man nicht zu lang in eine Richtung. Und zu all dem swingt in einer Art Loop »Tokyo Boogie Woogie«.

Das zweite markante Geräusch Tokios presst sich vereint mit erstickenden Rauchwolken episodisch durch Schiebetürspalten. Aus den Pachinko-Spielhallen klirrt und klimpert es wie in einer Manga-Sprechblase. Immer wieder fallen Münzen in den Ausgabeschacht.

Das dritte Geräusch betrifft: mich. Immer wenn ich einen 7-Eleven-Supermarkt betrete, um eine Flasche Wasser zu kaufen, ertönen laute Rufe. Kaum erblickt mich das Personal hinter dem Kassenschalter, hebt es an, ohne mich dabei ausdrücklich anzublicken. Wenn ich bezahlen will, folgen ausgiebige Verneigungen, mechanische Rituale, bei denen das Personal immer wieder für Augenblicke hinter dem Tresen verschwindet. Ich stehe auf Zehenspitzen und will mir einen Überblick verschaffen, da schnellt ein Oberkörper wieder aufwärts. Es kommt mir vor, als hätte ich in einem Versace-Shop für 10 000 Euro eingekauft. Alles, was dann noch zu tun ist: Als Antwort »Hai! Hai!« über den Tresen zu pingpongen.

Davon abgesehen aber ist es still in Tokio. Die Stille ist irritierend. Handelt es sich bei Tokio doch um eine 9-Millionen-Menschen-Metropole. Bis mir klar wird, was es ist, das mich stutzig macht. Hier schwingt sich niemand mehr auf. Niemand begehrt mehr wirklich etwas. Es gibt keine Sehnsucht nach Zukunft. Keine Sehnsucht. Und keine Zukunft. Eine Stille wie Leere.

Menschen in schwarzer Kleidung strömen morgens in die Bürotürme und am Abend in die Sushi-Bars. In Roppongi oder Kabukicho, dem Rotlichtviertel, vollzieht sich am Abend disziplinierter Gruppenexzess. Bis die Anzugmenschen morgengräulich auf dem Bahnsteig oder in der U-Bahn einschlafen und ihre Haltestelle verpassen. Bis »karoshi« sie überfällt: der Tod durch Überarbeitung.

Ich sehe eine müde Stadt, ein altes Land. Früher war Japan das Land der Kaiser und Samurai, heute regieren die Alten, sie bestimmen über den Fortschritt. Und die Jungen? Manche schließen sich in ihren Häusern ein, werden als »Hikikomori« bezeichnet, ziehen sich zurück, ohne Kontakt zur Gesellschaft. Die futuristische Kulisse ist nur ein Versprechen. Niemand schreitet mehr fort. Betriebsamkeit ohne Bewegung. Und die Uniformität hat alle und alles unkenntlich gemacht. Die gedämpfte Stille, Ausdruck einer Distanz, eines Ausweichens, eines Ablösens, eines Abtauchens. Die Verweigerung jeden Aufbruchs. Eine Komfort-Müdigkeit ohne Träume. Eine spürbare stille Verzweiflung treibt sich rum, weil jede Individualität schon ausgewaschen ist. Vielleicht sieht so unser Morgen aus, denke ich, wenn nichts mehr die Menschen bewegt, sich nichts mehr bewegt, wenn Sehnsucht verstummt, wenn Stillstand Alltag geworden ist.

Eines Abends komme ich an einem Suppen-Shop vorbei, und es zieht mich hinein. Wieder die Rufe. Es dampft. Der Dampf steigt aus den großen Töpfen auf und von den Zigaretten. Auch wenn keine einzige Zigarettenkippe auf den Straßen und Bürgersteigen Tokios je zu rügen war, rauchen die Tokioter doch unablässig. Lautlos saugen sie den Rauch ein und stoßen ihn ebenso stumm wieder aus. Man könnte meinen, ihnen gelänge es nicht nur, die Kippen klandestin nach Hause zu tragen, nein, auch den ausgestoßenen Rauch.

Ich setze mich an einen freien Platz an der Theke. Dann tippe ich auf ein Bild auf der laminierten Speisekarte. Ich habe aufgegeben, auf mehr zu hoffen als ein wahlloses Gericht von der Karte. Die Sprachbarriere. Mit der Zeit macht mir diese Art des Bestellens sogar Freude. Dann gibt der Alte einen Befehl an das Personal weiter, und schon setzen sich mehrere Junge in Bewegung. So geht es immer: Ein Alter gibt einen Befehl, ein Junger führt ihn aus. Blitzschnell, filigran, präzise, perfekt.

Ich laufe an niedrigen und schmalen Häusern vorbei, die in die Fuge zweier Hochhäuser gequetscht wurden und an denen winzige mosaikhafte weiße Fliesen kleben, wie man sie aus der Badezimmerabteilung im Baumarkt kennt. Davor blühen die Kirschbäume. Im Fernseher läuft täglich im CNN-Stil, an die üblichen Nachrichten sich anschließend, die Bekanntgabe der augenblicklichen Kirschblütentopografie. Darauf warten fieberhaft immer alle. Ein Krieg im Mittleren Osten, eine Dürre in Afrika oder die neuesten Entwicklungen aus Fukushima hingegen – das scheint zu dieser Zeit niemanden zu interessieren.

Die Kirschblüte wandert. Und die Japaner immer hinterher. Sie wollen sie, wo auch immer, in voller Pracht bestaunen. Im Ueno Park oder am Fuße des Fuji sitzen alle dann auf einer blauen Plane mit einer Bento-Box und picknicken. Natürlich verstehe ich kein Wort von dem, was da im Fernsehen gesprochen wird. Ich verstehe ja nicht einmal die Straßenschilder. Doch sehenswert ist, wie der Moderator sich vor der Kirschblütenkarte verrenkt, kichernd, einen Schirm in der Hand.

Vor einem Jahr ereignete sich dreihundert Kilometer nördlich von Tokio die Nuklearkatastrophe von Fukushima. Solange ich Obst und Gemüse aus dem Norden meide und das Wasser aus der Leitung, sei ich sicher, so heißt es. Ich beschließe, ich fahre in den Süden, nach Kyōto.

Sechsundzwanzig

In Kyōto wohnt das Zen

Überall zu sehen, nie zu fassen. In Kyōto wohnt das Zen. Rauch, Nebel und Tempel. Bonsaigrün durchtränkt. Allein durch Betrachtung lässt sich Verbindung fühlen. Ein Hin- und Hergerissensein. Zwischen Kraft und Sanftmut, Freundlichkeit und Dankbarkeit, Fröhlichkeit und Melancholie, Reichtum und Überdruss, Fülle und Leere und Schönheit. Zwischen Percussion, Piano, Bambusflöte und Harfe.

Auf dem Weg nach Kyōto: der Berg Fuji. Was in Tokio als technische Perfektion zu beobachten war, setzt sich hier fort. Diesmal die Natur gestaltend. Auch wenn die Ama Dablam im Himalaja ein wunderschöner Berg ist: Die Perfektion eines Gipfels – hier, am Fuji-san, ist sie zu bestaunen. Und man will diesen Berg gar nicht besteigen – nur den Umriss anzustaunen reicht vollkommen für morgendliche sonnenziegelrote Seligkeit. In Japan hat man ohnehin den Eindruck, dass immer alle Elemente gegenwärtig sind. Dass diese Landschaft eine heilige Kraft besitzt. Und man kommt nicht umhin, sie zu spüren. Etwas, was ich bisher nur von Orten am Meer kannte, wo ich mich immer wohlfühlte und ruhig. Und dann die Weite, diese plötzliche Weite, auch die fällt jedem Betrachter sofort auf. Nach dem Vollen nun das Leere, die eigentliche Leidenschaft dieses Landes. Der Berg hier, zwischen Tokio und Kyōto, kann kein Zufall sein. Die Japaner berauschen sich an Perfektion. So musste der Fuji-san hier aus der Erde in den Himmel stoßen, denke ich. Aus der Geschichte kommend, in die Zukunft weisend. Betrachtet man Katsushika Hokusais Bilder, weiß man um die Bedeutung des Berges. 36 Ansichten hat der japanische Maler vom heiligen Berg gemalt.

Die prachtvollen Tempel und Schreine Kyōtos. Orangene Raumschiffe aus Holz. Im Sanjōsangen-dō haben sie angeblich tausend und eine Statue aufgereiht. Ich zähle durch und – siehe da – die Perfektion der Japaner bekommt Risse – komme auf nur tausend Statuen.

Im Kurama-dera-Tempel haben sie gleich keine Zahl angegeben für die grünen Hügel, die man vom Dach des Tempels bis zum Horizont erblicken kann. Sie sind endlos. Endlos schön. Die Farben von Moosgrün bis Glutrot. Die Formen des Tempels von einer natürlichen Geschwungenheit wie ein Vogel, der seine weiten Flügel aufschlägt und durch die bewaldeten Berge schwebt.

Ich steige die Stufen hinunter in das »Onsen«, ein Badehaus mit heißer Quelle. Nachdem ich meine Kleidung in einem Schrank verstaut und auf einem Holzbänkchen geduscht habe, sitze ich loriothaft mit nackten, mir unbekannten Männern in einem Wasserbecken, heißes Quellwasser den Körper umspülend, Blick über Hügel. Alles symmetrisch. Wasser plätschert. Gespräche in gedämpftem Tonfall, wie in einer Hotellobby, in der schwere Auslegware alles wegschluckt. Hier ist es die vorgeschriebene, tugendhafte soziale Etikette, in deren Rachen alles versinkt. Es ist keine typische Pool-Atmosphäre, mit typischen Pool-Dialogen – informell, ungewiss, zufällig. Auch hier hockt nur die kollektive Seele der Japaner. Es gibt keinen Moment der Auflehnung durch einen vernehmbaren Dialog oder die Anbahnung einer Plauderei mit einem Fremden. Tief im Wald schießen Reiter über den staubigen Pfad. Pferd im Galopp, »yumi«, der Bogen, im Anschlag. Männer wie Samurai, mit Säbel und Haardutt. Am Wegesrand nicken gelbe Chrysanthemen im weichen Wind. Beim *Aoi Matsuri*-Festival in Kyōto trifft man auf die alte

Tradition des Shintō. Am Ende des Waldes steht ein Shintō-Schrein: der Shimogamo. Der Shintō-Legende nach wurde Japan von Göttern und einem Speer erschaffen. Izanagi und Izanami tauchten eine korallenbesetzte Lanze ins Meer. Und als sie diese wieder herauszogen, rieselten vier Tropfen von der göttlichen Waffe in den Pazifik – ein Speer, vier Tropfen, 6852 Inseln, fertig. Berauscht von dieser perfekten Technik, grundsteinlegend sozusagen, duldet die japanische Seele seitdem nur noch technische Perfektion und erfindet: Kalligrafie und Haiku, Cup Noodles und Reißverschluss, Karaoke und Walkman – und, der Rausch hält an: beheizbare Klobrillen.

Vom Shimogamo-Schrein aus tragen sie kleine transportable Schreine durch den Wald. In Kimonos gekleidet und maskentragend, wird einmal mehr ein Gefühlsvorrat versteckt. Nach einiger Zeit ist man doch recht müde von den vielen freundlichen und lachenden Gesichtern, den leeren Masken.

Die Bedeutung der Ästhetik. Nicht selten schmeckt das Essen hier schlechter, als es zuvor im Schaukasten aussah, plastikmodelliert präsentiert. Dann bleibt nur Weiterlächeln.

Die Freundlichkeitsausbrüche der Japaner. Es sind hohle Ornamente. Wie bei uns, wo diese antrainierte, sogenannte professionelle Servicefreundlichkeit vor allem zu einem führt: zu Überdruss. Freundlich und tot. So muss niemand mehr preisgeben, wie man denkt, was man wirklich empfindet. In Japan haust hinter aller Hierarchie und den gefräßigen Ritualen die Leere. Der Einzelne ist nichts, das Kollektiv bestimmt. Institutionen, Unternehmen und Yakuza haben den Laden fest im Griff. Freundlichkeit ist die Tugend, wer ausschert, ist Anarchist oder Freak. Am Ende steht immer etwas Extremes.

Siebenundzwanzig

Mönch sein

Der Ton will sich nicht mehr auflösen. Erst schimmernd, durch die Schwärze schwebend, dann pochend, zuletzt ein sich ausdehnender Laut, den morgendämmernden Raum voll ausfüllend und haften bleibend. Der Grundbass kommt aus der Tiefe. Es ist die Wärme, eine wohlige Empfindung, die man unbedingt jederzeit in sich tragen will, weil man mitschwingt. Die Mönche gehen auf die Knie. Sie beten. Mantras.

Am Mittag noch saß ich im Café und wartete auf Kurt, einen Schweizer Mönch in Kōya-san, in den Bergen Japans. Ich war gleich fasziniert. Wie anmutig er seinen Tee trank. Eine Hand an der Tasse, eine zweite darunter. Wie er mich mit seinem Frieden übergoss. Jede Zeit der Welt. »Wenn du Tee trinkst, trinke Tee.« Kurt lud mich ein, mit ins Kloster zu kommen. Und so zog ich dort ein. Ich wohnte ab sofort in einem Tempel. Mir wurde ein karges Zimmer zugeteilt. Ich schloss leise die »fusuma« hinter mir, die Schiebetür, die aus Papier zu sein schien und kein Türschloss hatte. In dem Zimmer fand ich die »tatami«, die Strohmatte, eine Decke, einen Kimono und ein Tischchen. Ich breitete die »tatami« auf dem Boden aus und legte die Decke darauf. Dann streifte ich den Kimono über. Anschließend legte ich mich auf die Matte. So war ich mit der Erde verbunden. Ein Platz, der mir gleich gefiel. Ein Platz, der zum Nachdenken einlud. Wo war mein Platz? Und weiter fiel mir ein: Um alles, woran es einem mangelte, innen und außen, musste man sich selbst kümmern. Ich zog die Decke hoch und löschte das Licht.

Die Glocke geht. Am frühen Morgen die Mantras der Mönche. Die wohlige Wärme. Tagsüber mache ich Spaziergänge auf die umliegenden Gipfel, und vor dem Abendessen gehe ich in das Onsen. Ich lerne Kalligrafie. Beginne, täglich zu schreiben. Seit ich Tokio verlassen habe, fühle ich ein neues Tempo. Morgens sitze ich bei

Kurt und wir trinken Tee. »Du solltest meditieren«, sagt Kurt. Ich muss an Danny in Thailand denken, die ich schon vergessen hatte, und daran, dass sie mir dasselbe gesagt hat.

Nachdem ich Tokio, Kyōto und die Berge und Tempel Kōya-sans erfahren habe, steht mein Entschluss fest. Ruhe, Rückzug, Einkehr. Thailand, auf eine der Inseln. Dort will ich jetzt hin. Meine suchende Unfertigkeit ablegen. Ganz im Zen-Fieber, beim Ausmisten meines Rucksacks, finde ich Dannys Zettel mit der Karte wieder. Wat Kow Tahm. Dort will ich das Meditieren lernen.

Doch bis zum nächsten Retreat ist es noch eine Weile hin. In der Zwischenzeit will ich wieder echtes Leben sehen. Keine künstliche Kulisse, dahinter nur Leere. So kommt mir Japan vor. Eine Kultur und eine Geschichte, verraten für den Perfektionismus, die Gier der Moderne. Ich beschließe, einen Stopp in Hanoi einzulegen. Tokio war weiß, sauber, glänzend, glatt. Hanoi ist dreckig, chaotisch, bunt. Für die Fähre ans vietnamesische Festland sind keine Tickets mehr zu haben, ich muss fliegen.

Also nehme ich meinen Rucksack, gehe los und stelle mich mit einem Schild an die Straße. Gleich gegenüber vom Dorfcafé. Der Besitzer lacht mich für diese Bemühung aus. Schon am Fuji hatte ich versucht – Daumen im Wind –, ein Auto zu stoppen, um zurück nach Tokio zu kommen. Mit dem Rucksack lief ich den kilometerlangen Weg zur Autobahnauffahrt. Stand bei einsetzendem Nieselregen da, und es gab nichts weiter zu tun, als unverdrossen auf Glück zu hoffen. Durch Windschutzscheiben sah ich in die Augen verwunderter Japaner. Die amüsierten sich über diesen herzensdummen Versuch, ein Auto zu stoppen – und fuhren an mir vorbei. Nach zwei Stunden gab ich auf, lief niedergeschlagen zurück zum Busbahnhof und bestieg einen Bus nach Tokio.

Hier in den Bergen ist es anders. Nach zehn Minuten hält ein kleiner Wagen. In Richtung Meer.

Achtundzwanzig

Per Anhalter durch die Berge

Rücklichter leuchten auf wie zwei rote Clowns-Nasen. Dann springt der Mann schon aus dem mickrigen Daihatsu, lächelnd und winkend. Mit einer »Eeeeeeeeeeeee...!«-Fanfare stürmt er auf mich zu, um sich anschließend tief vor mir zu verbeugen. Sachiko ist ein schmaler Mann mit groben Händen, dem eine Brille auf der Nase hängt, durch die heitere Mandelaugen blicken.

Auf meinem Pappschild steht in Kanji das Wort »Shirahama« geschrieben. Dort ist das Meer. Der Cafébesitzer hat mir die Schriftzeichen auf die Pappe gemalt, anmutig, kunstvoll – und mich dann ausgelacht. Per Anhalter durch Japan – nicht besonders angesagt.

Ich will an die See. Sehen, wie sie steigt und sinkt, um uns daran zu erinnern, in Bewegung zu bleiben. Meer und Weite.

Vorbei an der blendenden Konpon Daito Pagode und dem letzten der einhundert Klöster des heiligen Bergdorfs, drängen schon die dichten grünen Bäume bis an die asphaltierte Straße. Stundenlang rollen wir in beschwingten und heiteren Schlangenlinien die Serpentinen rauf und runter und wieder rauf.

Manchmal plätschert an unserer Seite ein rauschendes Bächlein dahin, dem unsere Gesellschaft gefällt. Die gleißende Sonne wärmt, und durch das offene Fenster weht weiche Luft. Sachiko und ich strahlen, lachen. Das ist die Natur, denke ich, die uns flankiert, und die Zeit. Ungefähr hier beginne ich zu begreifen, was es meint, mit dem Herzen zu sprechen. Immer schön schweigend und strahlend durch die Berge durch.

Nach einer Weile machen wir mitten in den Bergen für ein Mittagessen Halt und biegen schwungvoll auf den Parkplatz des Restaurants ein, eines ausgesprochenen Touristenlokals. Vom Parkplatz aus haben wir einen fabelhaften Ausblick auf die umliegenden Berge. Sachiko zückt seine Kamera und will, dass ich ein Foto von ihm schieße. Als ich schon meine, alles sei im Kasten, muss ich an exakt der gleichen Stelle Position beziehen und auf sein »Tschīsu« (»Cheese«) hin ebenfalls ein Victory-Zeichen machen.

Dann gehen wir in das Restaurant, wo Sachiko sogleich zwei große Schalen mit Suppe bestellt, irgendetwas mit Algen. Bevor Sachiko schlürfend mit seinem Kopf in der Schüssel verschwindet, sehe ich, wie er sich die Hände mit einem weißen, feuchtwarmen Lappen reinigt. Obwohl ich nicht weiß, was in der Schale schwimmt und ich meine Mühe habe, eine Nudelsuppe mit Stäbchen zu essen, schmeckt mir das Essen ausgezeichnet.

Mir wird allerdings zusehends unwohler, da Sachiko neben der Fahrt nun auch für mein Essen aufkommt. Von Zeit zu Zeit nimmt Sachiko den Kopf hoch, lacht und nickt mir aufmunternd zu, während sein Mund routiniert Nudeln zuzelt. Wohl auch, um höflich zu sein, nicke ich zurück, lache und schlürfe laut. Ich schlürfe in einer Lautstärke, von der ich annehme, sie belege, die Suppe sei ein einmaliges Erlebnis und einsame Spitze.

Nach der Rast legt Sachiko den Gang ein, und wir fahren weiter, vorbei an Gipfeln, hinunter zum Meer. Keiner von uns spricht ein Wort. Das Problem ist, dass Japaner sechs Jahre lang englische Vokabeln in der Schule pauken, doch niemand die Sprache auch spricht. So fahren wir seit Stunden dahin: sprachlos, aber nicht stumm. Auf eine seltsame Art fühle ich mich geborgen, weniger einsam als in Tokio. Obwohl wir nicht miteinander reden, habe ich das Gefühl, dass wir uns etwas zu sagen haben. Mit Sachiko versickert meine japanische Einsamkeit.

Dann spult Sachiko seine Abschiedszeremonie runter, verbeugt sich wieder tief und streckt mir einen 100-Yen-Schein entgegen, wie eine Gabe. Sachiko spricht in einem Ton, als wolle er ausdrücken: »Ich musste es machen, dem ›gaijin‹, dem Fremden, helfen, obwohl ich weiß, dass ich es nicht schaffen kann, er meine Sprache doch nicht spricht. Ich kann es *nicht* nicht tun.« Das ist Japan. Wie tragisch schön das ist.

Nun, da wir Abschied nehmen müssen, reichen mir seine groben
Hände einen handgeschriebenen Zettel, mit dem er mir noch diese
drei Zeilen in japanischen Zeichen schenkt:

In den Bergen
ein stummes Echo,
warm wie die Herzstimme.

Teil 3

VIETNAM

Yoga mit Hồ Chí Minh

Neunundzwanzig

Hanoi, ich fließe mit

Irgendwann fließe ich einfach mit. Mit Millionen Motorrädern und Fahrrädern werde ich in die Stadt hineingeflutet, nehme reflexhaft ein rasantes Tempo auf und bin nicht mehr aufzuspüren. Vom Flugzeug aus hatte ich die rechteckigen roten und grünen Dächer gesehen, wie Millionen kleine Tennisplätze sahen sie aus. Der Rest war aus Dunst gemacht. Hanoi.

Das Taxi überholt auf dem Weg vom Flughafen zum Hotel eine Frau auf dem Fahrrad, mit tausend strahlenden, sich reckenden und nickenden Sonnenblumenköpfen beladen. Das Hemd klebt klimabedingt an ihrem Rücken. Wir fahren an Shops vorbei, die Vorräte, Alltagsgegenstände und dampfende Suppen verkaufen. Es gibt den *Friendly & Lucky*-Shop, den *Old Propaganda Poster*-Shop und Hunderte Kunst-Galerien. Von den halbkreisrunden Balkonen der französischen Häuser hängen rote Flaggen mit gelbem Stern oder dem Konterfei von Hồ Chí Minh. Auf den Straßen sind die Frauen in Schlafanzugähnliches gekleidet, die Männer fühlen sich offenbar in sozialistischen Einheitshemden mit Stehkragen wohl. Alle tragen Strohhüte, Kappen oder Motorradhelme. Der Schwarm Vespas treibt dahin, voran, federleicht und schwingend.

Die Hitze. Sie herrscht selbst um vier Uhr morgens schon, wenn alle am Hồ Hoàn Kiếm, dem See in Alt-Hanoi, zur Morgengymnastik antreten. Ein glatzköpfiger Alter klopft sich auf die Brust und lacht dann, er hat es ein bisschen übertrieben mit dem Sport. Vor einem Tempel knien junge Frauen. Eine Frau mit Helm verkauft von einem Silbertablett Opfergaben. Rauch steigt auf. Duftstäbchen duften. Hanoi erwacht, und es wird bis zum Mittag dauern, bis die Sonne den Dunst durchschneidet. In den Seitengassen sitzen Leute familiär beisammen, schlürfen Morgensuppen. In einem Hinterhof wird Eis verkauft, und die Jugendlichen sitzen auf ihren

Rollern und lachen und schlecken. An der Ecke gibt es Zitronenlimonade.

Auf Pfeffer- und Salzstreuern aus Hotelporzellan steht Tiêu und Muôi gedruckt und es sieht aus wie Poesie. Was für eine schöne Sprache.

Im Hotelzimmer ist Poesie Mangelware. Der Klimaanlagenirrsinn der Asiaten. Es scheint auch kein Sonnenlicht hinein. Ein Raum ist in Asien eine rein funktionale Angelegenheit. Der Betreiber des Hotels hat sich daher entschlossen, das Fenster mit Ziegelsteinen versehen zu lassen. Maueratmosphäre. Für mich hat diese Form der Gestaltung den Vorteil, in dem Raum auch ohne das Dröhnen der Klimaanlage eine kühle Stille genießen und schreiben zu können und die Zeit zu vergessen.

In Vietnam lerne ich, die Zeit loszulassen. Eine andere Vorstellung von Zeit schlägt stürmisch Wurzeln. Ich sitze mit Todd, einem Vietnam-Veteranen aus Miami, an der Ecke, und wir blicken stundenlang auf das Treiben in der Gasse. »Schau dir das an!«, ruft Todd immer wieder und zeigt diesmal auf einen schlafenden Mann auf einem Roller, der im Schatten Siesta hält. Die Fähigkeit, in jeder Lage und Stellung schlafen zu können, auf ein nicht vernehmbares Kommando hin, dann, wenn die Mittagshitze hereinbricht. Wie er auf seinem Roller hängt und ausruht. Wie sehr ich so sein will wie er. Nichts tun. Und nichts dagegen tun. Faul wie ein Koalabär.

Wir haben unsere Zeit in kleine Teilchen zerlegt und versuchen sie unendlich zu beschleunigen. Wo die Möglichkeiten innerhalb der Zeit unendlich sind, verliert auch die Zeit an Wert. Und es steht ein Gefühl in einem: ein Getriebensein, eine Fremdbestimmtheit, ein Treiben. Der Verlust von Freiheit.

Hier in Hanoi tickten die Uhren ganz anders. Warum also nicht meine eigene Zeit und Freiheit entwerfen, sie andicken, damit sie nicht mehr leer verrinnt. Ja, ich will ein Habenichts sein. Nichts besitzen, nur meine Zeit. Dann kann ich frei sein.

Weil ich meine Zeit in Hanoi verschleudere, ich im Fluss der Zeit treibe, in dem sich kleine Sensationen ereignen, kommt es, dass ich Hồ Chí Minh treffe. Er schaut mich an, und die Frauen kichern. Ich war in einem Hinterhof gestrandet, wo es nicht mehr weiterging, da hörte ich heitere Musik aus dem Haus und sah die angelehnte Holztür. Eine Strandmatte dient als Jalousie. Ich blicke dahinter, der Musik nachforschend.

In dem großen hellen Raum sehe ich die Frauen, die jeden Morgen zum Yoga kommen. Sie liegen auf lila Schaumstoffmatten und wirken wie Fische an Land. Der Raum ist eine Halle, viel Neutralität ausstrahlend, kühl und emotionsarm. DDR-Ornamentik. Kein sprudelnder Wasserfall, keine Räucherstäbchen, kein Buddha. An den weißen Wänden hängen Schautafeln mit Füßen und Skeletten. Pastellgrüne Ventilatoren an einer mit Plastiklamellen verkleideten Decke. In der Ecke steht ein Wasserspender hinter etwas Grün. Ein schwarzer Gitarrenkoffer lehnt einsam in der Ecke gegenüber.

Ich nehme meine Position in der letzten Reihe ein, und über mir hängt ein gerahmtes Bild von Hồ Chí Minh. Als die Stunde zu Ende geht, spielt der Meister vorne auf seiner Matte auf einem antiken Teil ein Tonband ab. Der Yoga-Meister sieht haargenau aus wie der Übervater des Landes. Ich verstehe nicht, worum es bei der Aufnahme geht, doch klingt es wie die täglichen Morgenappelle der Partei, die über die Lautsprecher in den Straßen gespielt werden.

Als alle Bewegungen ineinanderflossen, bei irgendeiner, irgendwen grüßenden Stellung hatte ich an die Decke geblickt, an Hồ Chí Minh vorbei. Er schien zu nicken.

Der Meister, gitarespielend nun, fingert nebenbei verstohlen an dem Tonbandgerät herum und beendet mit einer »Jetzt-reicht-es-dann-aber«-Haltung den Appell. Ich stimme stillschweigend zu, und ohne die plärrende Propaganda könnte ich hier noch ewig liegen.

Dann stehe ich wieder im Hinterhof. Die Frauen verbeugen sich und kichern und lachen, und es ist, als würden wir uns ewig kennen und ich käme morgen wieder. Ich blicke noch einmal hinter die Strandmatte, in den Raum hinein, und Hồ Chí Minh lacht jetzt und hört damit nicht auf.

Dreißig

Der alte Mann und seine Liebe

»Wie das ist, wenn man für seine Liebe bestraft wird?«, fragt Son in das Surren des Vespaschwarms hinein. Er erwartet keine Antwort.

1954 wurde entlang des 17. Breitengrades Vietnam binnen weniger Tage geteilt. In Nord und in Süd. Und nur diese wenigen Tage hatten die Menschen im Norden Zeit, um zu entscheiden, in welchem Teil ihres Landes sie fortan leben wollten.

Son ist ein alter Mann, der allein in seiner Garküche in Hanoi hockt, und ich bin sein erster Kunde seit Tagen. Draußen braust ein unendlicher Fluss von Vespas vorbei.

»Ich musste im Schulunterricht allein auf der anderen Seite des Klassenraums sitzen«, beginnt Son zu erzählen und rührt dabei weiter in dem großen Suppentopf, in dem Rindfleisch, Kardamom, Sternanis, Zimt, Ingwer und Reisnudeln schwimmen.

»Sie haben mich bestraft, weil ich mein Land geliebt habe«, denkt der Alte weiter laut vor sich hin. Son sitzt in einer Zeitmaschine – seiner ganz eigenen –, und er hat auf einem unbequemen Sessel Platz genommen. Auf dem Tacho der Maschine steht: 1954. Ein verblasstes Hồ Chí Minh-Poster aus dem gleichen Jahr schaut ihm von der Wand aus beim Rühren zu.

Ein Teil seiner großen Familie habe sich 1954 für ein Leben im Süden und die Hoffnung auf Freiheit entschieden. Seinen Eltern wäre ein Fortgehen in den Süden jedoch wie ein Verrat vorgekommen, und so blieben sie im Norden und bei seinem Onkel Ho. Hier sei er aufgewachsen. Schmerzhaft sei das gewesen. Wie der Feind im eigenen Land habe er sich gefühlt. Dabei wollte er anpacken, sein Land mit aufbauen, nachdem sie gekämpft hatten und die Franzosen verjagt. Es sei schließlich sein Land. Heimat. Sein Vater sei Professor gewesen, durfte aber nicht lehren. Er, Son, wurde im Unterricht und Leben ausgegrenzt, weil sie – wegen der Familie im Süden – als Verräter galten.

»Warum sprichst du so gut Englisch?«, frage ich Son. In Hanoi ist es einfacher, jemanden zu treffen, der Deutsch spricht als Englisch. »Das habe ich allein gelernt, damals«, antwortet er stolz und erklärt mir energisch: »Ich wollte mit jedem über Vietnam sprechen und meine Geschichte erzählen. Ich war wütend und wollte, dass sie jeder hört. Ich wollte meine Identität zurück!«

Man wünschte, Menschen würden fremde Länder immer nur als Gast betreten. Mehr Marco Polos, weniger Eroberer. Der alte Mann erzählt mit einer kindlichen Leidenschaft und einer Verliebtheit, wie es nur jemand vermag, der sein Land und das Leben liebt. Er hielt aus, länger als seine Gegner. Aber die Wunden sind noch frisch. Hier brennt das Feuer von einem, der sich gewehrt hat. Der sein Leben zurückwollte. Er wollte existieren. Mehr als das: Er wollte leben.

»Wie sollen denn die Menschen in einem Land eine gemeinsame Kultur und Identität entwickeln, wenn sie nie in Frieden leben können?«, fragt mich Son, wieder ohne eine Antwort abzuwarten. Und da muss ich an Anastasia denken, damals, vor wenigen Wochen, in Tel Aviv. Müde klingt der Alte, aber wie ein moderner George Orwell: »The most effective way to destroy people is to deny and obliterate their own understanding of their history.« Das stimmte ja auch auf dem persönlichen Level.

»Die Franzosen, die Amerikaner, die Regierung, sie haben uns alles genommen – bis auf die Natur. Nur die ist uns geblieben«, sagt Son und zeigt auf ein kitschig buntes Bild von der Halong-Bucht, das über einem der Tische hängt. Wenn ich an die Halong-Bucht denke, muss ich immer an Otis Redding denken: »Sitting at the

Dock of the Bay«. Die unendlichen Buchten. Schwebende Masten. Morgens: Sonne, die über dem Dunst, der in den Buchten klebt, hängen bleibt. Ein blühendes Land. Grüne Wärme. Grüne Schönheit.

Hồ Chí Minh lächelt und wacht weiter geduldig durch die Kochschwaden hindurch, die vom Pho Bo aufsteigen, und der Alte und ich verjuxen die restliche Zeit des Abends mit unseren Träumen.

Einunddreißig

Die Litschi-Frau

Wer durch die Welt reist – so die ausdauernde Ansicht der Daheimhocker –, lebt gefährlich. Ich sage: Für denjenigen Reisenden, der den Kopf gebraucht und die Sinne bedient, ist diese Welt eine erstaunlich ungefährliche Angelegenheit. Nie ging es um Leben und Tod, wenn ich reiste. Bis zu dem Tag, an dem ich die mutige Litschi-Frau sehe und etwas von dem, das in ihr starb.

Eine Zeit lang wohne ich in einer Gasse in Hanoi. Die Leute haben nicht viel zum Leben. Einige besitzen nur eine Sache, mit der sie ihren Lebensunterhalt verdienen. Je nachdem, welcher Gegenstand es ist, ergibt sich daraus der Beruf: Manche besitzen einen Topf und rühren darin ein Pho Bo, eine kräftige Suppe, für alle Hungrigen an, andere haben Zitronen und verkaufen Limonade.

Die Hitze in Hanoi setzt auch zur Regenzeit allen schwer zu. Die meiste Zeit des Tages hocken die Leute daher auf ihren Plastikschemeln oder liegen auf Motorrollern, immer im schützenden Schatten der engen Gassen. Viele haben keine dauerhafte Arbeit und drücken sich den ganzen Tag in der Gasse herum. Die Bauern strömen in die Stadt, um ihre Waren anzubieten. Es ist ihre einzige Möglichkeit, um an Geld zu kommen. In Hanoi fallen die Litschi-Frauen schon frühmorgens in die Stadt ein, bevor die große Hitze eintrifft. Sie ziehen dann mit Fahrrad und Früchten von Gasse zu Gasse. Die Frauen haben sich die Gassen aufgeteilt, wie auf einer unsichtbaren Landkarte.

Als ich zum Frühstück in das französische Café am Ende der Gasse laufe, ist es Zeit für den täglichen Morgenappell der Partei, den ich auch heute nicht verstehe. Die Propaganda berieselt die Leute aus Lautsprechern, die aussehen wie riesige Flüstertüten und an zahllosen Telefonmasten und Bäumen befestigt wurden, damit niemand weghören kann.

Die Litschi-Frauen sind meist jung und schmal. Sie machen einen ausgezehrten Eindruck. Ihre Blicke sind schüchtern und die Gesichter mit einem Tuch verhüllt, das vor der Abgaswolke schützt, die über Hanoi hängt. Die Hände stecken immer in weißen Baumwollhandschuhen, wie bei den Pralinenverkäuferinnen im Kaufhaus.

Manchmal kaufe ich für ein paar Dong eine ganze Tüte Litschis bei der Frau, die durch meine Gasse zieht. Sie kommt mir besonders heiter und überaus mutig Fremden gegenüber vor. Sie schenkt mir jedes Mal noch ihr Lächeln dazu, das ich dann für den Rest des Tages in mir tragen kann. Nie leere ich die ganze Tüte.

Auf dem Gepäckträger ihres Fahrrads ist eine Sperrholzplatte montiert, auf der die Früchte zu einer Pyramide geschichtet werden, sodass es Geschick erfordert, das Rad zu steuern. Morgens schiebt die Frau ihr Rad durch die Gassen, weil noch nicht viele Früchte verkauft sind.

Männer in Uniform sitzen auf einem Pritschenwagen und biegen an diesem Morgen in die Gasse ein. Mir kommt gerade die Litschi-Frau entgegen, die mich wie jeden Morgen anlacht.

Sie dreht sich um und erblickt den Wagen, der das Tempo beschleunigt. Da stürmt die Frau los, das Fahrrad immer noch mit beiden Händen schiebend. Kurz vor mir stellen die Uniformierten die Frau und packen sie. Sie schmeißen das Rad zu Boden, sodass Hunderte Litschis über den Boden kullern.

Ein Schrei erfüllt die Gasse. Die Uniformierten zerren an dem Fahrrad, an das sich die Frau nun mit allen Kräften der Welt krallt. Dann macht es ein Geräusch, als sei ein Arm ausgerupft worden und die Frau gibt nach. Sie schlägt auf dem Boden auf und zerbricht in Stücke.

Die Männer heben das Rad auf den Pritschenwagen und fahren davon. Die verzweifelte Frau starrt dem Wagen nach. Hilflos blicke ich die Frau an, die erniedrigt auf dem Boden kauert. Mit trockenen Tränen überströmt.

Mich überkommt ein Gefühl von tiefer Traurigkeit, von dem ich später weiß, dass es Trauer war. Ein Teil der Litschi-Frau ist an diesem Morgen gestorben. Das Rad wurde ihr geraubt, die eine Sache, die sie zum Leben brauchte.

THAILAND

Auf einen Atemzug mit Buddha

Zweiunddreißig

Vipassana Romance

Das Papier bleibt makellos. Weiß wie Kokosmark. Der Professor legt den Stift neben das unlinierte Blatt. Es ist, als wolle er einen trotzigen Beweis liefern. Dann seufzt er niedergeschlagen. Auf einem grünen Hügel unter einer Palme stehend, deren säbelhafte Blätter vom Wind angehoben werden. Der Abend dämmert. Ein Glöckchen geht irgendwo. Ich betrachte den Professor. Kein Wort. Die Hand wie festgefroren. Der Professor blickt mich jetzt an. Sein Blick scheint zu sagen: »Siehst du, jeglicher Gedanke verstümmelt, keine Antwort auf die Frage.« Die Frage sei auch, ob es überhaupt die richtige Frage sei. Jedenfalls wolle sie nicht mehr aus seinem Denken verschwinden, erklärt der Professor nun. Eine Frage, die jeden Frieden in ihm auslöscht. Ein »Was will ich wirklich?« hämmert dort.

Ich traf den Professor auf dem Weg zum Wat Kow Tham. Gemeinsam mühten wir uns den steilen Pfad bergauf, bis das Holzschild »Attention! Falling Coconuts!« auftauchte und eine Gebetsmühle. Jetzt, am Abend, stehen wir vor dem bunten Tempel unter Palmen zusammen. Es ist unsere letzte Stunde, in der wir sprechen dürfen.

Die Tage im Wat werden wir gemeinsam sitzen und schweigen. Stumme Gefährten auf einer langen und berauschenden und erleuchtenden und bewegungslosen Reise. Der Professor unternimmt den Versuch zu lächeln. Aber auch das will nicht recht gelingen. Und da ist dem deutschen Professor klar, warum er ein Rendezvous mit »Vipassana«, der »Einsicht«, will, es mit Buddha versuchen muss. Diesem asiatischen Propheten, den die meisten nur als lachende, dicke, sitzende Statue aus dem China-Restaurant kennen. Weil er, der Professor, wie wir alle, doch nach einer Verbindung sucht, nach etwas, das uns mit einem Schuss Herzenswärme vollpumpt.

Meditieren. Auch bekannt als still sitzen und an nichts denken. Einfach. Und schwer. Ein indischer Fakir hielt es angeblich zweiundzwanzig Jahre aus, setzte sich an den Straßenrand und unterließ jede Bewegung. Da sollten zehn Tage Sitzen möglich sein, denkt mein ignorantes Ego, das ich heute in den Wat Kow Tahm eingecheckt habe. Der Wat, ein Tempel, eine Trainingsanstalt, eine Relaisstation, in dem die Kunst der Vipassana-Meditation gelehrt wird. Vipassana vermittelt eine Visite mit dem Geist, trainiert dessen Muskeln, dessen rebellische Kraft, schult, weise mit einer Reaktion auf einen Gedanken umzugehen, nur zu akzeptieren, was ist, nicht, was sein sollte. Die Gedanken beobachten. Ihr Wesen besser verstehen lernen. Wenn es gut läuft, für eine Weile jedes Denken und Urteilen ignorieren. Und auch: Hunger und Verlangen. Eine Weile mal keinen Appetit haben. Ruhe und Frieden. Endlich die Ewigkeit vergessen. Verstehen, wer und was man ist. Meditieren. Das soll nun also sein. Es geht jetzt um einen Befund, um Schweigen, um Atmen, um tiefste Einsicht in meine Akte – darum, alles auszuhalten. Um ein warmes Herz – welch schöne Nebenwirkung – als Tonikum.

Warum? Klar, ich will etwas in mir finden, wiederfinden, das, was fehlt. Ich habe zehn Monate die Straße inhaliert. Habe unendlich viele Orte gesehen, Menschen getroffen, Abenteuer gefunden. Zunächst gilt es, die Zeit einzufrieren. Anschließend will ich in diese irre Leere des Geistes eintauchen. Wissen, ob es möglich ist, diese Leere zu erfahren. Dazu muss ich: Nichtstun. Zuhören, zusehen – das ist jetzt mein Nichtstun. Und atmen. Durch reines Beobachten erfahren. Ich glaube, es ist möglich, all dies – also Frieden, Freiheit und Glück – hier zu finden. An einem Ort absoluter Stille bewegungslos sitzen – wie irrsinnig verheißungsvoll.

Ich weiß gleich, wovon der Professor an diesem Abend spricht. Vor zehn Monaten, in Delhi, da hatte ich gesehen, was in uns allen wohnen könnte: Herzenswärme, Freude und Leichtigkeit gingen bei den Menschen um – obwohl draußen, links und rechts, oben und unten, an jeder Ecke, in jeder Ritze, jeder Fuge die Hölle tobte. In der Weite der australischen Wüste, bei den Aborigines, war ich zur Jugend der Menschheit gereist, hatte gesehen, welch langen Weg wir hinter uns gebracht hatten. Ein Land, in dem man immerzu den Horizont nach Landschaft absuchte, wo man sich bewegen, wo man Wanderer sein musste, um zu überleben. Und in Japan, ja, dort erkannte ich, klar und deutlich, wohin wir bruchlanden würden. Dort hing das Aroma von »karoshi« zwischen den Hochhausschluchten. Ich hatte einen Anfang und ein Ende gesehen, Herkunft und Zukunft, und die Frage blieb: Was ist? Was ist jetzt? Wie sieht der Mittelteil aus?

Natürlich habe ich auch Angst. Angst, nichts zu finden. Vielleicht wird Vipassana aber Fetzen versickerter Lebensfreude, Herzenswärme und Frieden aus der trüben Tiefe heben. Man muss nur das Glücks-Schleppnetz auswerfen. Jetzt will ich eine Überprüfung. Dem langsamen, leisen Glück hinterher.

»If Not Now, When?« (Incubus)

Dreimal klopfte es zaghaft an mein Herz, bis es wild ausschlug. Bei Danny in Phuket. Bei Kurt in Kōya-san. Beim Guru auf Bali. Ja, und vielleicht auch in den Höhen des Himalaja, wenn ich zurückdenke.

Ich nahm Dannys Zettel mit der Karte aus dem Rucksack. Ein paar Striche nur. Der märchenhafte Wat, ein Waldkloster auf dem Hügel einer Insel – eine Zeichnung mit einem Kreuz. Ich googelte. Dann nahm ich ein Boot auf die Insel Ko Pha-ngan. Um ein paar Tage zu schweigen, zu verharren, zu beobachten. Um Inventur zu machen. Ein- und auszusortieren. Um der Frage aufzulauern, deren Antwort sich irgendwo – wenn überhaupt –, sicher aber ein paar Milliarden Kilometer entfernt, befinden musste. Der Frage, wie denn, bitteschön, ein friedvoller Geist sich entfalten könne. Jetzt war mein abgewetztes Herz durstig danach. Meine Gefährten: Ein Holzbett, ein Moskitonetz, ein Holzbänkchen, eine Matte, ein Kissen, Vipassana und der Professor.

Zehn Tage Zen: Kein Wort, kein Blick, kein Buch, keine Notizen, keine Musik, kein Internet. Kurzum: Alles wird mir versagt – außer dem wahren Luxus: zu schweigen. Ein Telefon hatte ich ohnehin seit zehn Monaten nicht mehr benutzt. Geld nur für Gasthäuser, Essen, Busse, Boote, Züge und Taxis ausgegeben. Nun zehn Stunden täglich meditieren. Sitzen und Schweigen. Jede Vier-Uhr-Glocke markiert einen neuen Tag. Möglichkeit, die Dinge in eine Reihenfolge zu bringen. Mir wird quasi ein großes Nichts zur Verfügung gestellt. Zähe, lange Tage würden das werden, davon gehe ich aus. Sitzen würden wir, versteinert. Dann uns immer wieder gehend und stehend quälen. Der Professor und ich und alle zwanzig, über die die Thais denken mochten: Leistungsträgerdeppen und Kalendersklaven. Eingefangen von einem faulen Angebot: Wer sitzt und schweigt, findet Frieden. Das stand auf der Verpackung. Faul war dieses Angebot, denn niemand wusste ja, ob je etwas vorbeiflattern würde. Ob das Dauerfeuer im Kopf wahrhaft gelöscht werden könnte. Innerer Frieden.

»Come As You Are« hatte Kurt Cobain 1991 gesungen. Und wir tanzten im Bremer Schlachthof dazu. Ja, klar, aber dafür musste man ja wissen, wer man war, oder doch wenigstens: wer man mal sein, wo man mal hin wollte. Wie kann es sein, dass ich zwanzig Jahre später immer noch keine Antwort habe? Mir kommt es vor, jetzt, hier, in Thailand, wo ich festsitze, wie festgenagelt, auf einem viel zu schmalen Holzbänkchen hocke, nicht mehr weglaufen kann, als würde es bald einen Antworten-Showdown geben. Antworten worauf genau noch mal? Ich weiß es nicht. Ich hoffe, sicher. Auf Klarheit. Darauf, näher heranzurücken. Auf Verstehen und Verbindung. Klar, offen, wach sein. Hier und Jetzt, darauf würde Steve, unser Lehrer, in den abendlichen Ansprachen ja immer wieder zu sprechen kommen. Dann mal los, denke ich.

Und dann geht es los. Nach ein paar Anweisungen beginne ich zu meditieren. Ich versuche mich nur auf meinen Atem zu konzentrieren. Auf meine Nasenspitze, meine sich hebende und senkende Brust. Und weil mir dies nur für einsame Augenblicke gelingt, mein Geist bald wandern geht, betrachte ich meine Gedanken, schnell wie Pfeile. Ein unterirdischer Fluss rauscht da. Woher? Wohin? Jetzt denke ich an den Beginn meiner Reise. Dazu eine Bilderflut, als würde mir, holzbänkchenhockend, meine eigene Musikgeschichte durch den Kopf rauschen wie eine MTV-Show, als es noch Musik-Fernsehen gab.

Es begann vor zehn Monaten, als ich meine Wohnung in München verließ, da hörte ich »If Not Now, When?« von Incubus, weil das Album gerade erschienen war. Auf dem Coverbild ein Mann, barfuß, auf einem Drahtseil, auf Zehenspitzen balancierend. Im Hintergrund eine sich auftürmende Wolke, der Rest: nebelverschluckt. Damals wusste ich noch nicht, dass es sich bei diesem Bild exakt um das Wesen des Meditierens handelte.

Der Song, das war klar, war sehr hymnisch und ein bisschen zu pathetisch vielleicht, der Plattentitel aber ja so herrlich mehrdeutig. »If Not Now, When?« Das galt für meinen Aufbruch; das stimmte auch jetzt, wo alles auf dieses Rendezvous mit Buddha hinauslief. Wenn nicht jetzt, wann dann? Wenn ich nicht im Jetzt war, wo dann? War das nicht alles, was ich besaß? Und war das nicht ausreichend, was den Besitz anging? Was, wenn das mit den ganzen unendlichen Möglichkeiten nicht stimmte, ich quasi immer nur eine einzige Möglichkeit besaß?

Der Titel des Albums: Der stimmte, das war entscheidend. Die Reise, die ja von Anfang an ein Missverständnis hätte werden können, ein Reinfall, ein Desaster, eine Enttäuschung. Denn wo wollte ich eigentlich hin? Der Ort war nicht wichtig, das lernte ich schnell. Als ich am Taj Mahal angekommen war, nach einem nervenaufreibenden Zehn-Stunden-Busgerüttel, war mir klar geworden: Ich wollte kein Sightseeing machen. Das interessierte mich nicht. Es war also nicht entscheidend, wohin ich zog. Was ich wollte, war überall zu finden, an jeder Straßenecke, in jedem Hinterhof, jedem Haus, jedem Wohnzimmer, jeder Pinte dieser Welt. Es ging um mehr als den Ort. Es ging um Zeit. Um akutes Jetztsein. Darum ging es vor allem.

Es ging auch um Musik, im Rhythmus zu sein. Als ich aus Vietnam nach Thailand zurückkehrte, führte mich die Reise in ein Bergdorf. Um das Dorf zu erreichen, musste man mehr Kurven bergan fahren, als der Berg hoch war. Zeit zerrann schneller als die Sandkörner zwischen meinen Zehen auf Kho Phi Phi.

Im Dorf angekommen, traf ich Mister T. Ich hatte ihn am ersten Abend in der Bar spielen sehen. Mit seinen Augen, der Nase, dem Haar, das dünn war und immer aussah, als würde der Wind darin stehen, sah Mister T, der Drummer der Band, aus, als sei Jimi Hendrix zurückgekehrt. Mir war gleich klar, dass ich bei ihm das Schlagzeugspiel lernen musste. Der Barmann schrieb mir seine Nummer auf einen Zettel. Ich rief an.

Was gibt es zu meinem Schlagzeugspiel zu berichten? Meine Karriere begann in München. Ich schleppte mich in feuchten Wintermonaten in den Keller von Lehrer Fabian, dem Drummer der Band Blumentopf, der das Pech hatte, den untalentiertesten Schüler an seinem Set sitzen zu sehen, und, da war ich sicher, der an mir verzweifelte. Technisch war das okay, was ich da unternahm. Präzise. Über Leichtigkeit im Rhythmus verfügte ich hingegen kaum. Ich wusste, ich war kein Drummer. Eins-und, zwei-und, drei-und, vier-und ... ging es. »Und von vorn«, sagte Fabian den ganzen Abend lang. Das hatte schon was Meditatives. Ich schulte meine Konzentration.

In Thailand war ja immer alles leicht, hier war alles mit einem leichten Schwung eingefärbt. Hier wollte ich einen neuen Anlauf nehmen. Hier wollte ich mir den richtigen Rhythmus, den Schönschliff holen. Als Mister T vorschlug, nach seinem »morning coffee« eine erste Session zu machen, erschrak ich. Gleich am frühen

Morgen? Ich fragte nach, was das zu bedeuten hatte – »morning coffee«. Mister T überlegte nicht lang, der »morning coffee«, so war aus der löchrigen Leitung zu dechiffrieren, den gebe es nie vor drei am Nachmittag, immer mit einem Schuss Whiskey. Die Uhrzeit hatte schon hier nichts mit Zeit zu tun. Nicht alles lässt sich an einer Atomuhr ausrichten. Der Morgen ereignete sich halt am Nachmittag. Ich sagte begeistert zu. Und erfuhr etwas von der Lässigkeit.

Mister T kam um fünf. Dann schloss er, eine Kippe auf dem Fenstersims ablegend, den Barraum auf. Er setzte sich hinter das Set und spielte was von Led Zeppelin. Ich glaube, es war Led Zeppelin. »All My Love«. Den linken Stick hielt er im Hendrix-Stil. (»Try Hendrix, like this.«) Jedes pädagogische Unterrichtsangebot von Mister T konzentrierte sich im Anschluss auf Rauchen (ob ich noch ein paar Baht für Kippen hätte) und ein gelegentliches, wohl aufmunternd gemeintes, von der halbschattigen Terrasse in den dunklen Barraum hereingerufenes: »Hey, Max, just great, can hear you, it's coming now, getting the groove now, let it flow, brother.« Ich zahlte ihm die vereinbarten Baht aus. Ja, ich lernte auch etwas über das Hier-und-Jetzt-Sein.

Flow? Now? Ich öffne die Augen, ob irgendwas davon einer Überprüfung standhält, und stelle fest: Ich hocke auf meinem Holzbänkchen, war vom ursprünglichen Ziel (Ach ja! Meditieren!) leicht abgekommen, irgendwann in die Berge von Thailand abgebogen. Im Wat kann ich Jetztsein proben. Breathing in, breathing out, watching. Einatmen, ausatmen, beobachten. Klingt einfach, wenn Steve das so sagt, mit seiner ruhigen Stimme. Ich nehme aber jetzt, dankbar, Steve bei einem seiner anderen Worte, und das entspannt mich: Wahrzunehmen, dass man sich nicht auf eine Sache – das Atmen – konzentrieren kann, ist ebenfalls ein Akt der Aufmerksamkeit. Mir scheint dennoch, ich denke etwas zu viel. Ich fühle mich ertappt. Schlimmer noch: Mein Rücken schmerzt vom stundenlangen, bewegungslosen Sitzen. Meine Geduld und Ausdauer, den Atem zu beobachten, schmelzen blitzschnell dahin. Wie entmutigend, mühsam und ermüdend, sich nicht länger als ein, zwei Atemzüge konzentrieren, sich nicht bewegen, nicht sprechen zu können.

Schauen hingegen, das geht, das bekommt niemand mit: Ich schaue, ob Steve schaut. Aber das tut er nicht. Dann blicke ich zum Professor. Beide meditieren buddhalike weiter. Ich scheine der Einzige zu sein, der noch nicht recht »im Flow« ist, an diesem ersten Tag. Meine Gedanken rasen weiter, immer in die Welt hinein. Und gleich ein altbekannter Gedanke aus dem Himalaja: Ich bin allein. Mit einer plötzlichen Wucht dann ärgert mich dieses einsame Gefühl: Niemand interessiert sich für meinen Zustand. Sonst stört mich das nie, war ich doch Einzelkämpfer-Disziplinen immer zugeneigt.

Breathing in, breathing out, watching. Und immer wieder zurückkehren, wenn wir uns dabei erwischen, wie unsere Gedanken auf Wanderschaft gehen. Das will Steve von uns. Das ist alles. Einfach. Und schwer. Überall Unendlichkeit. Orte, Zeit, Handlungen. Und nichts mehr, was diese Möglichkeiten mäßigte. Wie sollte Aufmerksamkeit da irgendwo haften bleiben? Warum sollte man irgendwo verweilen, wo man doch überall sein konnte? In der Realität, in Gedanken, im Internet. Musikstreaming: ein Himmel voll Musik. Dating-Portal: unendliche Liebe. Tinder: unendlicher Sex. Deutscher Reisepass: unendliche Reisewelt. Start-up: unendlicher Aufstieg. Casting-Show: unendlicher Ruhm. Andy Warhols »15 minutes of fame« reichten ja längst nicht mehr. Die Herausforderung heute: fünfzehn Minuten anonym zu sein.

Wie also sollte man präsent, im Moment, fokussiert sein, wenn immer schon die nächste verführende Möglichkeit wartete. Je schneller alles wird, umso blasser werden Existenznachweise – wie ein Auto, das, durch eine Landschaft fahrend betrachtet, maximal beschleunigt wird. Zeit bringt Einheit. Im Moment verweilen, auf eine Sache fokussieren. Das heißt jetzt: *breathing in, breathing out, watching.* Ich denke an einen alten Foo Fighters-Song: »I love it but I hate the taste / [...] / And I'm done, done and I'm on to the next one.«

Alles beginnt mit weniger, denke ich nun, ein paar Atemzüge später, als der Vogel sich lautlos auf ein Palmenblatt vor dem Fenster niederlässt. Ich behalte ihn fest im Blick, bis er davonsegelt. Der Wind geht wieder und hat das Blatt angehoben, und zum ersten Mal bin ich sicher, das Rauschen, das den Tropenwald wie ein Atemzug bewegt, ist eines der reinsten und klarsten und friedlichsten Geräusche, das mir bekannt ist. Mich überfällt das machtvolle Gefühl, mit der Natur leben zu wollen.

Beim Reisen erfuhr ich den Unterschied zwischen dem, was ich mir vorstellte, was möglich wäre, und dem, was tatsächlich möglich war. In Vietnam brauchte der Zug für vierhundert Kilometer sechzehn Stunden. Der Raum krallte sich die Zeit zurück.

Ich reiste von Ort zu Ort. War ich in Tel Aviv angekommen, dachte ich schon an Delhi. In Delhi dachte ich an Kathmandu. So war ich nie ganz dort, wo ich war. Doch der Drang in die Zukunft ließ mit jedem Reisetag nach. Weil ich langsam reiste. Nicht mehr mit der Zeit kämpfte. Nicht auf die Uhr blickte, sondern aufs Meer, den Leuten beim Leben zusah. Entdeckte, dass die Dinge schön wurden, interessant, intensiv, wenn man zuließ, dass sie nicht in Konkurrenz standen, man sie nicht verglich, man sie genau betrachtete, wenn man sie erfuhr, wenn man frei war bei der Betrachtung, wenn man Schönheit blühen ließ. Langsam und lässig durch jede Landschaft reiste. Das Glück sollte mich finden können.

Nach jeder Session mit Mister T in den Bergen Thailands ging ich zu dem fröhlichen Trang und seinem kleinen Stand, an dem er Frühstück und Kaffee verkaufte. Auf der Karte standen zwei Sorten von Eiern (Spiegelei oder Rührei) und Früchte (Mangos, Papaya, Ananas, Wassermelone). Es gab immer nur Mangos. Nie war jemand unglücklich darüber oder setzte zu einer Beschwerde an. Man konnte Kaffee trinken. Mit Milch und ohne. Wir hockten stundenlang im Schatten. Ich fragte Trang, ob er glücklich sei mit seinem Laden, mit seinem Leben. In seinem Gesicht sammelte sich ein breites Lachen, und er bejahte, er habe alles, versicherte er, jeden Tag. Die Sonne, die Berge, etwas zu essen, ein Haus, ein einwandfreies Leben sei das. Trang besaß und bewahrte einen Schatz: die seltene Freiheit, mit dem glücklich zu sein, was ist. Er wusste, dass es zu viel ist, was sein könnte. Die Reise war ja ein irrsinniges Experiment. Noch in München, im Holy Home am Gärtnerplatz stehend, an einem Donnerstagabend, sagte ich zu Freunden: »Im Oktober hau ich ab.« Da war es bereits August gewesen. Und so blieb nicht viel Zeit bis zu einem Aufbruch, für Träume oder sogenannte Übergangsphasen. Jetzt würde ich raus müssen. Ich machte das jetzt mal.

Den Grundriss der Reise skizzierte ich so: Ich wollte überall, wo ich hinkam, zugucken und zuhören. Da sein. Und dann schauen. Was passierte. Sonst nichts. »Sonst nichts?«, wurde ich nun befragt. Nein, sonst nichts, erklärte ich. Schwer genug. Zu Beginn der Reise, ja, da rang die Rastlosigkeit jeden Augenblick nieder – bis ich die Zeit losließ, verweilte. Was war meine Neugier denn auch wert, wenn alles nur als horizontloses Meer durch mich hindurchfloss?

Ich fragte mich, eine ganze Weile schon, warum ich alles so machte, wie ich es machte. Jetzt wollte ich mal Welt-Besuche abstatten, erfahren, wie die anderen das machten, wie es anderswo so lief. Selbst sehen. Mal den Faden aus den Nähten nehmen.

Klar, erst mal würde ich einer Art Nichts zur Verfügung stehen, stellte ich mir vor. Kein Zeitdruck. Keine Aufgaben. Keine Planung. Keine Fülle mehr. Keine Überschwemmung. Nur alle Möglichkeiten eben. Die Frage lautete: Was würde geschehen? Eine trübe Vermutung breitete sich aus, wie die schmelzenden Eiswürfel in meinem Drink: War die moderne Lage nicht ohnehin so, dass es keine rechte Orientierung mehr gab? Alles ein offener Ozean war? Unsere Moderne ein Wartesaal mit Nummernautomat.

Die Welt war für mich verschollen. Das Fremde, die Widersprüche. Alle lasen, hörten, redeten, posteten identische Sachen. Eine digitale Spießbürger-Trance, durch die alle da surften. Dazu kam: Alles wurde Wissenschaft, alle dachten unendlich nach, alle analysierten alles. Alles musste immer verstanden werden und optimiert. Was war mit dem Fühlen? Dem Entdecken, Erleben, Erfahren? Alle wollten Abenteuer, aber mit online günstig abgeschlossener Reiserücktrittsversicherung, bitte. Alle wollten nach Berlin, aber niemand brachte was mit.

Die einzige TV-Sendung, die ich auf meinem Rechner noch sah, lief bei *Euronews* und hieß »No Comment«. Hier lief – ungefiltert, unkommentiert, unbewertet –, was war in der Welt. Genau das will nun Steve von uns: Sinneseindrücke, Gedanken und Emotionen ungefiltert wahrnehmen, spüren, beobachten, erst mal alles zulassen, dann nicht zu hastig ins Register hängen und urteilen.

Es ist, als würde ich in einem Buch lesen, das ich kenne. Denn so liest sich das Logbuch meiner bisherigen Reise: Ich inhalierte die Welt wie eine starke Zigarette ohne Filter. Ich traf Fremde, führte innige Unterhaltungen, blickte auf Landschaften. Die Gesichter und Gespräche brannten sich schärfer ein. Es gab keine Eile. Tage reihten sich aneinander und Begegnungen. Wie nun ein Atemzug geduldig dem anderen folgt. Ich ging selbst die Straße runter, nichts mehr in Griffweite, ausgesetzt, in Wirklichkeit kippend, erkennend, keineswegs aber, um gleich anzukommen. Ich wollte nicht zu denen gehören, die gleich durchstarteten bis zu Peter Fox' »Haus am See«. Die gleich alles aufs Ankommen setzten, Daumen auf der Skip-Taste: bloß kein Mittelteil! Einleitung, Schluss – reichte ja! Weil der Weg dorthin so mühsam, so einsam schien.

Meine Wahl, und das verstehe ich jetzt, nach zehn Monaten Welt, war von einer besonderen Disposition: Sie war freiwillig. Noch in München stehend, hatte ich mir eine Reihe Fragen in den Rucksack gepackt. Die bitte mal beantworten. Was wäre denn, wenn ich frei darin wäre zu entscheiden, was ich tue? Jeden Tag. Vierundzwanzig Stunden mit Leben füllen. Ein Jahr lang. Meine Aufmerksamkeit dort verschenken, wo ich gerade war, und an Henry Miller denken:

»The aim of life is to live, and to live means to be aware, joyously, drunkenly, serenely, divinely aware.«

Würde es gelingen, meine Tage zu füllen? Auch wenn sie keine Werktage waren? Mit einer Aufgabe, mit Wert, mit Sinn? Wie denn genau? Würde ich das so genau wissen müssen? Wäre es günstiger, wenn es sicher ist? Würde ich es sehen, wenn es kam? Woran würde ich denken? Was würde ich erreichen? Was überwinden? Wo war der Horizont? Was wäre, wenn mich nichts, wenn mich niemand daran hindern würde, einen ganzen Tag zu lesen oder zu schreiben oder zu tanzen oder zu singen oder am Meer zu sitzen und auf ein wild tobendes Wasser zu starren? Wovon würde ich kosten, durstig trinken? Auch von dem, was ich nicht wusste, was ich nicht verstand? Wäre ich unabhängig, würde ich frei entscheiden, nirgendwo dazugehören? Wie würde ich mich dann fühlen? Wer wäre ich dann? Würde dieser Zustand meinen Wert verändern? Meine Identität? Was wäre mein Vermögen? Was würde mir gehören? Wenn mir alle Möglichkeiten der Welt entgegenströmten wie ein Fluss? Hätte ich die Freiheit aller Möglichkeiten? Wirklich? Würde mich das überfordern? Oder mir Freude bringen? Wollte ich mehr? Weniger? Würde gar nichts passieren? Ich einem identischen Rhythmus folgen, alles machen wie immer? Was würde ich entdecken? Was würde fehlen? Was würde kommen? Was bleiben? Wer? Wer nicht? Mit wem würde ich sein? Wozu würde ich nicht fähig sein? Was würde ich nicht tun? Nicht mehr? Was würde verschwinden? Wo wohnte die Angst? Wo Mut? Wie frei würde ich sein?

Wo ging es denn in das Herz der Welt hinein? *Where is my mind?*
Wo trieb sich die Schönheit rum? *Enjoy the Silence.*
Was wollte ich wirklich? *Little by Little.*
Wie ließ ich los? *Pictures of You.*
Würde ich Angst haben? Oder leben? *Wake Up Dead Man.*
Wo würde Verbindung warten? *Love.*
In jedem Fall musste ich mal loslegen. *Now.*

»Where is my mind?« (Pixies)

Meditieren ist wie ein Marathonlauf. Auf einem Drahtseil. So fühle ich mich. Eine endlos scheinende Distanz auf einem schmalen Seil, während man fahndet: *Where is my mind?* Jederzeit könnte ein Gedanke so bleischwer werden, dass man stürzte. Es sind noch acht Stunden zu meditieren an diesem zweiten Tag im Wat, und ich rappele mich gerade auf, meinen Atem und meine Gedanken beobachtend, meiner Achtsamkeit hinterherhechelnd. Ein, zwei Atemzüge nur – da fällt mir Sydney ein. Wie ich an einem frühen Morgen durch Sydney joggte.

Der Himmel war wie immer mit diesem Grenzenlosblau versehen, das Lust machte, loszulaufen, einfach los – am liebsten bergan –, und es war schon brütend heiß, denn es war ja Januar. Ich lief schweigend durch die tiefen Straßenschluchten, aus der Stadt hinaus, zum Wasser am Hafen. Ich überquerte Port Jackson auf dem »coat hanger«, der Harbour Bridge, und blickte auf die Fähren am Circular Quay und das Opernhaus, das sich wie eine weiße Lotusblume in den Himmel streckte. Das machte mich immer ruhig. Von hier oben konnte ich in alle Richtungen sehen, alles überblicken: Goat Island (wo die Foo Fighters 2011 dieses irre Konzert gaben), Shark Island (wo ein Hai mal einen australischen Football-Spieler angriff) und Watsons Bay mit seinem fabelhaften Blick auf den Pazifik.

Anfangs konzentrierte ich mich darauf, einen Fuß vor den anderen zu setzen, warm zu werden, das richtige Tempo auszuloten, Schritt für Schritt auf einen natürlichen Laufrhythmus zusteuernd. Wenn der Autopilot übernahm, konnte ich die Aufmerksamkeit ausrichten wie auf eine Zielscheibe. Spüren, was mich betrat und wieder verließ. Irgendwann vergaß ich alles um mich herum. Mein Blick glitt auf meine innere Landschaft, während ich auf Autopilot weiterlief. Meine Gedanken kamen und gingen. Sie zogen vorbei wie die Schiffe unten am Circular Quay. Sobald Atmung und Bewegung harmonischer wurden, fiel ich in eine wohlige Ruhe hinein. Irgendwann triumphierte die Ruhe – die Gedanken flossen ab.

So wie jetzt, beim Meditieren. Ich beginne wieder mit einem tiefen Atemzug, dann pendelt sich mein Atem ein, seinem natürlichen Tempo folgend. Meine volle Konzentration lenke ich auf das Atmen. Betrachten, Beobachten, Zulassen. Wie das Laufen ist das Atmen ein natürlicher Vorgang. Wir tun es einfach. Aber es zerrt an meinem Willen und meiner Disziplin, mich längere Zeit darauf zu konzentrieren, durchzuhalten – als müsse ich gleich die gesamte Marathondistanz laufen. Doch mit jedem Trainingslauf geht es besser. Der Atem wird ruhiger, die Gedanken fließen langsamer, werden leiser, Stille breitet sich aus. Es dauert ein paar Stunden, dann ebbt die Überfülle meines Geistes einmal ab. Dann ein Anschwellen des Nicht-Denkens. Jeder Atemzug ist eine ausgiebige Körper-und-Geist-Inventur. Eine große Konversation. Der Versuch von Gegenwart. Das Killen von Konjunktiven. Ich lerne über mein Innenleben, erkenne mit der Aufeinanderfolge der Atemzüge, mit jedem Zug Leben, meine Gedanken besser. Sehe immer klarer und deutlicher die Vorgänge in meinem Kopf, meine Reaktionen auf meine Empfindungen. Auch jetzt: im Schneidersitz sitzend, wie von einem Berggipfel aus auf alles blickend, laufe ich einen Meditationsmarathon. Ich sitze still, aber ich reise. Ich sehe mir zu. Es ist so aufregend wie eine echte Expedition zum Dalai Lama.

Geduld, Ausdauer, Konzentration – alles nicht auf den üblichen Hitlisten zu finden. Vielleicht kommt sie daher, die große Lieblosigkeit dieser Epoche, denke ich jetzt. Denn alles Verführerische, alles Zauberhafte, jede Schönheit erfordert Aufmerksamkeit und Konzentration – kurzum: Zeit. Sich konzentrieren können, das bedeutet ja, mit sich allein zu sein. Leider wirken alle globalen und digitalen Gewalten in eine andere Richtung: Ruhelosigkeit. Aus Angst vor einem leeren Innenleben.

Ich kann von einem unfassbaren Glück zehren: dass ich es immer gut allein aushalten kann. Schreiben ist zu einem brennenden

Hunger geworden. Ich vergesse jede Zeit dabei. Beim Schreiben lenke ich meine Aufmerksamkeit auf eine einzige Sache. Es ist eine Freude, tiefer und tiefer hinabzusinken. Es ist maximale Konzentration und damit eine körperliche Anstrengung. Auch wenn man still sitzt, im Inneren wühlt planierende Bewegung.

Einige Atemzüge später. Ich erinnere mich an etwas, das ich schon beim Schreiben unterwegs erfahren hatte: Es kommt nicht auf die physische Bewegung an. Ich muss nicht reisen oder laufen. Ich kann allein und bewegungslos bleiben und doch – wenn sich Konzentration einstellt – in Momente des Glücks kippen. Alles kriecht in einem Tümpel aus Erfahrungen, Emotionen, Erlebnissen. Dann kommt es darauf an, hinabzusinken. Durch das Dickicht zu brechen. Zu verlangsamen. Bis Klarheit aufsteigt. Eine bewegungslose Entdeckungsreise.

Jede schöpferische Tätigkeit beinhaltet: Konzentration, Aufmerksamkeit, Achtsamkeit. Konzentration heißt, sich selbst zu kennen. Konzentration ist der Glaube an einen Strom innerer Kraft. An einen eigenen Wert, an Unabhängigkeit, an Freiheit. Es gibt kein Ziel beim Schreiben, nur das Entdecken. Es gibt keine Richtung, kein Streben. Alles ergibt sich aus dem Moment heraus. Dem ersten Gedanken, dann einem weiteren. Dem ersten Wort, dann dem zweiten. Dem ersten Satz, dann dem folgenden. Dafür muss ich mein Bewusstsein auf eine Sache richten. Lebloses Nicht-Sehen auflösen. In das Licht des Moments tauchen. Dem Song lauschen, der da spielt. Aufmerksam durchs Leben – dass ist alles, was ich will, dann würde ich frei sein. Mehr als mit irgendetwas zu konkurrieren, will ich immer wieder etwas schöpfen.

Als ich in Sydney am Wasser entlanglief, überholten mich andere Läufer. Schon im Himalaja stellte ich fest, dass mich Wettbewerb nicht interessierte. Dass auch Augenblicke und Momente nicht rivalisierten. Jetzt beim Laufen genoss ich das Schweigen und das wohlige Gefühl des Atmens und der Bewegung. Die anderen Läufer mochten andere Trainingsziele haben. Wettbewerb führt ja dazu, dass sich die Leute festlegen, wiederholt identische Dinge zu tun, um zu einem vorher bestimmten Ergebnis zu gelangen, und dann versuchen, sich dabei zu übertrumpfen. Mir geht etwas durch den Kopf, das mich viel vehementer verführt: Die Unterschiedlichkeit der Menschen ermöglicht mir, mich selbst zu sehen. Der Blick auf Fremdes und anderes, Fremde und andere – er erlaubt mir, frei zu sein.

Im Wat konkurriert nichts mehr. Es geht nicht um Urteilen oder eine Steigerung oder eine Lösung. Ich bin allein mit meinen Gedanken. In dieser Stille und Einsamkeit bin ich frei in der Betrachtung, frei von jedem Vergleichszwang, diesem demütigenden Bewertungsirrsin. Eine laut atmende Befriedigung entfaltet sich: die Freiheit, zu erkunden, zu erfassen, zu erkennen – allein, ohne Zerstreuung, ohne Bedrängung, ohne Umklammerung, ohne Nötigung, im Wirklichen sich aufzuhalten. Bilder, Klischees, Illusionen, Ideale zu radieren.

Mein Konzentrationsmuskel. Damit kann ich die Zeit aushebeln. Damit werden Momente zu Münzen, die man aufs Sparbuch einzahlen möchte. Immer will man weg. Immer geht es um eine Zustandsveränderung. Ohne Hast – da kann man in Momenten ankommen. In Wirklichkeit. Wie sich beim Reisen die Wahrnehmung verschiebt: Wenn ich mehr Aufmerksamkeit schenke, ich mit meiner Konzentration in einer Sache, Situation oder einem Ding versinke, überkommt mich die Sehnsucht, immer tiefer zu sinken, dort zu verweilen. Immer, wenn ich in diesen Zustand hineinfließe, erfahre ich einen besonderen Moment Leben. Glückposaunende Momente, die bei mir bleiben werden, auch wenn sie der Welt gleichgültig sind, die Menschen sie nicht einmal wahrnehmen oder bald vergessen werden.

In Vietnam wollte ich ewig im Nachtzug auf dem Rücken liegen, das Fenster geöffnet: warmer Wind atmete, Sterne schwammen mit im Fluss der Reise, goldener Mond und Musik der Grillen, manchmal eine Dunhill vor den Fenstern glimmend, die Glühwürmchen trunken, die Stimmen der Soldaten, Feuer in fernen Feldern, der Lichtschein der Diesellok, das Rotbraun der Erde, der grüne Busch, das goldgelbe Gras, die Landschaft der Alltäglichkeit, die Alltäglichkeit der Lebendigkeit. Sie ging nie ganz, diese Nacht. In Australien wollte ich immerzu in die Milchstraße blicken, dieses flimmernd weiße Band am Himmel. Auf Java wollte ich ewig von dem heißen Tee trinken, dessen Blätter überall auf den Vulkanböden wucherten, und dazu Gedichte und Geschichten tippen. In Bangkok für immer Karaoke singen. In Kyōto für immer schweigen.

Dass Dauer nicht geht – ewig, für immer, immerzu, das ganze Leben –, man alles loslassen muss, vor allem, was man liebt, das lerne ich erst während meiner Tage im Wat. Kein Moment ist eben wertvoller als der andere. Das einfache Glück ist flüchtig wie die Twitter-Timeline. Alles fließt zusammen, mischt sich. An diesem einzigen Fluchtpunkt. Dann fließt es wieder auseinander. Nach einiger Zeit lässt jede Konzentration nach. Der Fluss, die Freude, das Glück verglühen. Man kann in Richtung Glück segeln. Nie aber danach greifen, sich nie darin festkrallen. Wie bei allem, das man liebt. Für einen Zeitfetzen ist das Schreiben eine Flucht in die Tiefe der Freude, in schärfste Präsenz.

Den meisten geht es nur noch um das Sofort. Die augenblickliche Dokumentation (ganz dringend!): instaret gramma. Ein ausgesprochenes Missverständnis. Denn das hat ja nichts mit Aufmerksamkeit zu tun. Ganz im Gegenteil. Diese Dokumentations-Depeschen sind ja gerade der Beweis, dass man zwar existiert, aber eben nicht da ist. Ein Bild, ein Wort, eine Antwort, eine Reaktion – irgendjemand erwartet immer irgendwas. Selten geht es um echte Interaktion. Meist durchlöchert das wenige Kommunizieren in ultraschnellen Bruchstücken nur unsere Konzentration, unsere Fähigkeit, präsent zu sein.

Mit dem Schreiben ist es anders. Schreiben erlaubt mir ein weniger hastiges Verfahren. Da gibt es die Möglichkeit nachzudenken. Erst einmal eine Ansicht zu gewinnen. Zu ordnen, Gedanken zunächst. Dann Worte aufzureihen, so, mit Bedacht auserlesen, dass sie Erlebtes und Gefühlshaushalt möglichst wahrhaft, echt, wirklich beschreiben und vermitteln. So, dass sich nichts mehr dazwischenschiebt. Es geht beim Schreiben auch nicht um die Frage nach einer Lösung. Mehr um den Zeilenabstand, um Raum, um Rhythmus. Möglichst schweigsam sollen Fragen solcher Couleur behandelt werden, die noch nicht durchdacht sind, von denen ich noch nicht einmal weiß, ob sie zu echten Fragen mit einer echten Antwort reifen oder einfach nur gestellt werden wollen – eine Antwort nicht vorhergesehen, eine Frage aus reinem Aktionismus heraus. Jedes Wort ausdrücklich: keine Lösung. Das Comeback der Enthaltsamkeit. Und, wie wunderbar, »Nein« und »Nichts« werden zu echten Optionen.

Schreiben, ja so ist es, erfordert Konzentration und Ausdauer. Das hat das Schreiben mit der Meditation und dem Laufen gemeinsam. Natürlich, man läuft nicht einfach los, läuft die gesamte Distanz – und einmal um die Welt. Es braucht Zeit, um die richtigen Fähigkeiten zu entwickeln. Man läuft erst fünf Kilometer, dann zehn, dann fünfzehn. Mit der Zeit passen sich Muskeln und Ausdauer an die Anforderungen an.

Eine letzte Stunde Meditieren. Die Sonne hat sich schon im Horizont vergraben. Zehn Minuten ohne Schmerzen und zehn Atemzüge sind drin, wenn es einmal gut läuft. Atmen, immer noch einen Zug atmen, feuere ich mich an. Und belauere so meinen Atem. Manche Züge sind tief, manche flach. Manche dauern lang, andere nur kurz. Es ist, als würde ich unten am Meer sitzen und auf alle Wellen blicken, die da kommen und gehen, die die Küste erreichen oder weit draußen schon brechen, um noch schnell schwach ans Ufer zu robben. Mit der Zeit bekommt alles mehr Tiefe. Blickt man ausgiebig auf das Meer, erkennt man, wie es atmet, auch mal stöhnt. Man muss nur durchhalten. Und kommt es uns bei allem, was uns heilig ist, nicht auf das Durchhalten an?

Ich bin erschöpft und öffne die Augen. Der Professor platzt in meinen Kopf hinein und hinterlässt ein Bild. Er sitzt jetzt dort wie ein Buddha, wenn ich die Augen wieder schließe. Der Professor hält durch. Daran besteht kein Zweifel. Nicht einmal seine blonden Haare bewegen sich im warmen Wind. Ich frage mich, woran der Professor denkt. Weiß er schon was? Ist da schon Einsicht? Erkenntnis? Will er auch immerzu weg? Und wie kommt es, dass sein Hintern auf diesem Holzbänkchen nicht schmerzt? Die Frage, die sich anschließt, ist doch, warum wir immer wegwollen. Warum es so schwerfällt, sich auf das Atmen zu konzentrieren, die Gedanken zu beobachten, zu bleiben.

Steve spricht an diesem Abend über »Satipatthana Sutta«, Buddhas Lehrrede zur Achtsamkeit. In der Vergangenheit lauern Nostalgie und Erinnerungen. In der Zukunft dreht sich alles um die Sorge. Etwas zu verpassen: die letzte Folge der Serie. Alt zu werden: schnell morgen noch im Fitness-Studio anmelden. Keine Aktien: Armut im Alter. Ohne Smartphone – da ist ohnehin der Anschluss verpasst. Klar, wenn wir uns nicht darum sorgen würden, kein Mehr und Haben wollten – wie würde dann jemand etwas verkaufen können?

Aufmerksamkeit löst die Zeit auf und macht wach. Mit Aufmerksamkeit reihen sich Momente Leben aneinander. Jeder Moment wird zu einer Rampe für den nächsten Augenblick. Die Dinge fühlen sich wacher, echter, tiefer an.

Am nächsten Tag ein neuer Versuch. Atmen also. Und um 4 Uhr 45 gleich mal an U2 denken: »While the band in my head plays a striptease / The roar that lies on the other side of silence / [...] / I've found grace inside a sound / I found grace, it's all that I found / And I can breathe / Breathe now.«

Zwei Stunden meditieren, bis zum Frühstück. Diesmal wandert mein Blick zu Steve. An diesem Morgen, im Dunkel dieses müden Morgens, strahlt das Hemd von Steve weiß. Es leuchtet wie seine Augen, mit denen er uns ruhend anblickt. Wenn es so etwas wie Erleuchtung gibt, dann ist sie gewiss durch Steve geflossen. Vor dem Essen, das die Mönche täglich für uns zubereiten, klärt Steve uns lotussitzend von seinem Kissen aus auf. Er erklärt, warum Vipassana-Meditation ein Herzenshelfer ist. Weil wir gleich mehrere Muskeln trainieren, den Herzmuskel und den Aufmerksamkeitsmuskel, damit wir nicht mehr so weltblind, so herzblind über den Planeten stolpern.

Ich verspüre, wie an jedem Morgen, ein enormes Hungergefühl und habe Mühe, mich zu konzentrieren. Wieder muss ich an den Himalaja denken und an die Sherpas. Wie sie mein Leben, ja mein Überleben sicherten. Allein hätte ich dort niemals vierzehn Tage überlebt. Es waren Sherpas, die mein Essen auf den Berg schleppten. Das Essen im Himalaja war, ohne mein Wissen darum, meine erste Begegnung mit echter Achtsamkeit. Natürlich gab es Abende, an denen verschlang ich das Essen einfach, weil ich so hungrig war, abgekämpft vom zehnstündigen Gehen. Aber ich erinnere mich auch an den Geschmack des Essens und daran, wie gut es tat, einen Bissen im Mund zergehen zu spüren, wie das Essen mich füllte und wärmte, mich mit Energie, mit Kraft, mit Mut versorgte. An diesen Tagen war ich gut gelaufen, früh im Abendlager angekommen und hatte langsam gegessen. Ich bekam durch die Erfahrung des Mangels im Himalaja eine Lektion in Sachen Aufmerksamkeit.

Am Abend gehe ich durch den Garten zurück in meine Hütte. Ich kann die Musik der Grillen hören. Die Eidechse schaut wie jede Nacht zum Fenster herein. Jeden Tag zehn Stunden meditieren. Das sind zehn Stunden Frieden.

Ich liege auf meiner Pritsche, der Kopf im Kissen, und blicke durch die geöffnete Holztür in den prächtigen Nachthimmel. Alles läuft dann doch irgendwie auf die Pixies hinaus:

»With your feet on the air / And your head on the ground / Try this trick and spin it, yeah / Your head will collapse / And there's nothing in it / And you'll ask yourself / Where is my mind?«

Und dann muss ich vor dem Einschlafen natürlich noch an Dave Grohl denken und die Anekdote, wie ihm Kurt Cobain das erste Mal das Demo von »Smells Like Teen Spirit« vorspielte, und Grohl dann angeblich sagte: »Wow, Pixies!« Und daran, dass Grohl, wenn er an Kurt denke, dann immer auch an Abba, weil Cobain tausendmal zu den Schweden tanzte. Meine Gedanken swingen weiterhin königlich durch meinen Schädel. Friedlich geht es da oben nicht zu – eher würde ich morgen wieder von meiner Meditationsbank kippen, weil der Ansturm der Gedanken mich schwindelig machen wird. Der Frieden, innen drin – er muss irgendwo die Straße runter zu finden sein.

Noch sieben Tage sitzen. Eigentlich möchte ich fliehen. Dass die Gedanken zwischen Vergangenheit und Zukunft hin- und herrasen, ist wenig überraschend, schließlich fahnde ich, mache Inventur, nach meiner Identität. Meine Existenz ist seit Monaten der Zeit ausgeliefert – und damit der potenziellen Stille, Leere, Langeweile. Ich nehme es also gleich mehrfach mit Buddha auf. Dabei geht es ja um die Leere. Die Leere nach der Fülle. Hier im Wat werde ich gezwungen, jeder Rastlosigkeit abzuschwören. Ich habe nur, was zur unmittelbaren Disposition steht: Das sind mein Körper und mein Geist, Gedanken und Emotionen. Volle Gegenwart – schwer für mich.

Ich scheitere grandios – an der banalen Aufgabe, meinen Atem zu beobachten. Nach den Pixies, Nirvana und Abba denke ich nun auch noch an den Helden aus Stuckrad-Barres Soloalbum: »Wenn man nur noch Dingen und Zeit nachtrauert, dann war das alles nichts.«

Die Glocke ist das erste Geräusch an jedem Morgen. Weil es noch dunkel ist, schärfe ich meine Sinne. Der schmale Pfad von der Hütte hin zur Halle führt an Blumen und Büschen vorbei. Es duftet nach blauen Blüten. Nach Mangos und Papayas. Und nach Meer. Denn obwohl der Wat auf einem Hügel liegt und das Meer weit unten, bin ich sicher, den Ozean in diesen frühen Stunden immer riechen zu können.

Ich male mir aus, dass es hier das ganze Jahr über blühe. Dass Sommer und Winter identische Jahreszeiten seien. Man sich hier wie in einem hingemalten grünen Paradies fühle, auch weil es immer so heiter zugeht bei den Thais, auch daran muss ich denken. An manchen Tagen meine ich, dass die Augen einer Eule mich aus einem der Bäume heraus beobachten. Natürlich streunen die Katzen durch Garten und dämmernden Morgen. Irgendwann würde dann die Sonne aufgehen, das Licht intensiver werden und schlagartig die Gebetshalle voll erfüllen – grell, aber nicht so gnadenlos wie in der Sahara oder dem australischen Outback.

Würde ich nicht auf einem Hügel in einer Halle sitzen, würde ich in der Bucht baden. Oder ich würde unten am Strand, im Schatten der Palmen, joggen und das Album »Avoid the Light« von Long Distance Calling hören. Mich tragen lassen vom Tempo und Sound, dem Sound der reinen Töne. So ist die Lage, an jedem Morgen.

Die Glocke schwingt nach. Dann kommt die Stille. Und bleibt. Eine Explosion strahlender Stille. Der Wat ist ein Ort der Freiheit. Denn ich werde nicht mehr genötigt zu sprechen. Niemand spricht. Niemand fragt. Niemand erwartet eine Antwort. Nichts ist zu erwidern. Zu deuten. Kein Gruß, kein Blick, keine Geste. Während es mir am ersten Tag komisch vorkam, würde ich nach zehn Tagen feststellen, dass ich diesen Zustand vermisse. Diese Reflex-Enthaltsamkeit. Weil mir zum ersten Mal bewusst wird, wie Worte jede Stille, jeden Frieden zerpflücken können. Weil wir sie unachtsam durch die Gegend schleudern wie ein Vulkan feuerrote Lava.

Jetzt, wo jemand die Mute-Taste gedrückt hält, der Lärm sich auflöst, wird das Bild, das ich selbst von mir habe, klarer, weniger rauschend, weniger störanfällig. Zuhören und erkennen. Manchmal nur für Momente. Eine ganz andere Wirklichkeit setzt sich da zusammen. Alles liegt vor mir, in mir. Alles, was es braucht, um Freiheit, um diese Welt zu erfahren.

Hüpfende Schmetterlinge, tonlos vor den offenen Fenstern der Gebetshalle. Ist das nicht wie Musik? Hat Schönheit mit Stille zu tun? Ist selbst in Beethovens Musik Schönheit nicht dort zu finden, wo das Orchesterspiel ruht, wenn die Musik in der Stille nachhallt, echot, nachschwingt. Ist da nicht ein ganz anderes Zeitkonzept, ein anderer Rhythmus am Werk?

Ein Blick zu Steve. Steve sitzt still. Keine Regung, kein Wort. Ich denke an den gedämpften Klang seiner Stimme. Er hatte uns in seiner abendlichen Rede auf eine Sache hingewiesen, die wir normalerweise ganz leicht ignorieren: die Seligkeit der Stille und die Freude des Zuhörens. Er sprach über die Angst, die uns Momente des Schweigens und der Ruhe einjagen. Wenn man sich nicht mehr in die Sicherheit hinter dem Sprechen flüchten kann. Im Buddhismus geht es ja immer um unser hausgemachtes Leiden. Uns fehle Disziplin und Konzentration, um uns zur Ruhe durchzuringen, Stille auszuhalten, zuhören zu können. Und das Zuhören war nun mal die Voraussetzung für ein Verstehen.

Schweigen. Was für eine ungewöhnliche Handlung in unserer Zeit. Ein Akt der Revolte. Stille, Ruhe, Einsamkeit – alles war kaum noch erfahrbar. Die totale Gegenwärtigkeit anderer. Weil wir ja andauernd irgendwas irgendwohin simsen, mailen, snapchatten, instagrammen – und das immer alles sofort. Bis an die Enden der Welt und durch alle Zeitzonen hindurch, jedem eigenen Rhythmus trotzend. Es liefert die Menschen der Tyrannei der Entscheidung aus. In jedem Moment wird eine Entscheidung getroffen – bis wir nicht mehr können. »Wir schreiben noch mal«, heißt es dann auf die Frage: »Heute Abend Biergarten?«. Immer wartet man auf etwas. Etwas kommt aber nie. Wir vertagen Entscheidungen, weil wir noch auf andere Möglichkeiten warten. Und ignorieren die Frage, was wir wirklich wollen. Wann war ein Tag denn ein erfolgreicher Tag? Mir gefällt Bob Dylans simple, nicht messbare Definition: Ein Mensch sei dann erfolgreich, wenn er zwischen Aufstehen und Schlafengehen das tue, was ihm gefalle.

Ich unternehme ein Sprech-Zölibat und es macht mich reicher. Unser Zwang zu sprechen. Die Belanglosigkeit, die Flüchtigkeit, der Schmerz des Sprechens. »Words like violence / Break the silence / [...] / Words are very unnecessary / They can only do harm.« Meine Freude ist es, die Sinne zu füttern, mit Intensität, mit Schönheit – das ist, was bleibt. Wenn die Zeit absolut wird, ohne Geschichte, wenn jeder Moment alles ist. Wenn Reden nicht zählt. Wenn Zeit bedeutet: Gegenwart, volle Gegenwart.

Worte befeuern unsere Emotionen. Emotionen können flüchtig sein wie Zigarettenrauch. Emotionen sind Wolken, die sich über uns ausschütten und dann vorbeiziehen. Sie prasseln auf uns herunter. Unsere Sünde liegt darin, dass wir Emotionen Bedeutung beimessen, an ihnen haften bleiben. In der respektvollen Stille des Wat bleibt Zeit. Niemand und keine Emotion nötigt mich zu einer Reaktion, zu einer Bedeutungsverleihung im Oscar-Stil. Ich verstehe, was die Buddhisten »shunyata« nennen, dass alles leer und nicht von Dauer ist. Ich lerne, dass Emotionen weder gut noch schlecht sein können. Sie sind einfach, sie reiten durch uns durch. Erst unser Reflex zur Reaktion, unser Anhaften lässt uns leiden.

Wenn man in Stille badet, bekommt die Zeit eine neue Bedeutung. Wenn man der Zeit zuhört, verändert sich etwas, von dem ich erst nicht genau sagen konnte, was es war. Ich trieb durch die Zeit, und sie war vollgestopft. Aus der Überfülle, aus Zeitdruck, einem Hetzen durch die Zeit, einem nie zufriedenstellenden Zustand, weil man immer Sklave ist von Kalender und Möglichkeiten, wird auf einmal ein Ozean aus Zeit. Es ging mir wie Elton Johns »Rocket Man«: »It's lonely out in space on such a timeless flight / And I think it's gonna be a long long time / Till touch down brings me round again to find / I'm not the man they think I am at home.«

Der zeitlose Flug durch meine Reise ließ mich klein und einsam erscheinen. Alles Erleben beschleunigte sich gleichzeitig, war intensiv und unmittelbar. Ich reiste im Überschalltempo durch jedes Gefühl. Es klopfte innen und außen an meine Haut und mein Herz. Das ganze Orchester.

Den Zeit-Ozean füllte ich zunächst wieder mit kräfteraubender Rastlosigkeit. Immer war ich auf der Durchreise. War immer wieder der Fremde, der irgendwo eintraf. Sah immer wieder ein Lachen zum letzten Mal. Immer mehr Möglichkeiten in die Zeit quetschend: So viele Orte, von denen man Sagenhaftes hörte, endlose Straßen und Landschaften, unendliche Gesichter, in die man lachen, so viele Seelen, mit denen man selig sein konnte und singen und sehen und reden und ringen und rennen und gehen und schwimmen und surfen und segeln und flüstern und schreien und kichern und essen und trinken und torkeln und weinen und lieben und schlafen und fühlen und tanzen und träumen und versinken und staunen und schweigen.

Dann plötzlich, gab es keine Tage mehr. Es gab nur noch Momente. Als ich in Japan begann, langsamer und aufmerksamer zu reisen, mit mehr Präsenz, wurden die Tage für mich zu Orten, an denen sich erinnerbare Momente ereigneten. Es waren keine Orte mehr, an denen ich Dinge erledigte, um zu existieren. Es waren Orte, an denen ich lebte, lebendig war. Wenn ich durch die Momente reiste, ich im Schatten saß und schaute, mit jemandem redete oder lachte, ins Meer tauchte oder am Strand Fußball spielte, den regennassen Asphaltgeruch nach dem Monsunschauer roch, eine Hand auf meiner Haut spürte oder die Sonne, auf das Fährschiff wartete und das Ufer mit Ferne beschriftete, einem Liebespaar beim Küssen zusah, die letzte Seite eines Buches zuschlug, tat, was mir die Zeit antrug, und ich dann alles in meinem Tagebuch notierte oder eine Geschichte schrieb, blieb immer noch Zeit. Gab es immer noch weitere Möglichkeiten. Gab es auch die Möglichkeit, die Zeit mit Nichts zu füllen. Mit Nichtstun, Faulheit, Kontemplation. Oder – mit ruhigem Denken.

Jeder Ort hat seine eigene Zeit. Ich genoss diesen Zustand, denn irgendwann lernte ich etwas über die Zeit. Wo ich auch hinkam: Niemanden interessierte meine Geschichte, meine Vergangenheit, es war nur Gegenwart. Zukunft war nicht vorgesehen, weil ich Durchreisender war. Die Zeit löste sich insofern auf. Erlebte Momente und Momente meiner Präsenz entfalteten sich in meinem Tagebuch immer als ganz eigene Zeit. Irgendwann begriff ich, dass es nicht mehr sein musste, sondern weniger – mit Aufmerksamkeit, Präsenz, Tiefe. Das war mein Korrektiv. Es ging um die Nutzung der Zeit. Die Eile einzutauschen. Ich stellte das Radio nicht auf Empfang, um die Stille zu verjagen. Ich stellte es an, wenn ich Musik hören wollte. Ich fand meine Ruhe beim Reisen in Momenten der Stille und Präsenz – und beim Warten. Ich war frei, weil meine Tage es waren, weil ich meine Zeit besaß.

Es war in Hanoi passiert. Dort hatte ich das Warten entdeckt. Erfahren, wie wohltuend es sein kann, wenn man die Zeit nicht als Dieb anklagt, sondern mit ihr wie mit einem Gefährten reist. Dass Reisende das Warten brauchen wie den nächsten Atemzug und die Atempause. Wenn sich alles bewegt, man im Bann des eigenen Rhythmus ist, dann verlangsamt Warten, eine Pause, das Reisen, weil alles zur Ruhe kommt, alles reifer wird. Schon Versickertes wieder aufsteigt. In Vietnam war ich bald prächtiger Stimmung, immer wenn ich unterwegs stecken blieb, weil ich die Dinge sehen konnte, wie sie waren. Beim Warten konnte ich erkennen, wofür ich Nostalgie empfand. Und ist die Nostalgie nicht oft unser Kompass?

Es war das reine Vergnügen, auf den verspäteten Zug zu warten, bei einem Bier schweigend nachzudenken, während Hanois Motorradlawine und alles andere Rätselhafte an mir vorbeizog und ich zu schreiben begann. John Steinbeck: »The main thing is not to hurry. Nothing good gets away.«

Mit dem Meditieren trainiere ich meinen Aufmerksamkeitsmuskel. Er macht den Unterschied zwischen Existieren und Leben. Dösen oder Wachsein. Schläfrigkeit oder singender Lebendigkeit: Wenn das Bewusstsein sich kristallklar färbt und man die Welt wahrnimmt, unendliche Vielfalt, Schönheit, Poesie inhaliert. Wenn es kein Warum oder Wofür mehr gibt, jede Himmelsrichtung sich auflöst. Wenn man es schafft, aus einem inneren Frieden, einer inneren Freiheit heraus, Kraft laserstrahlzubündeln, schöpferisch zu sein.

Der Betrug mit der Ewigkeit. Wir können immer nur in einem Tag leben. Mit jedem Tag unterwegs schätzte ich mehr, wie faszinierend und lustvoll, wie befreiend und befriedigend es ist, nur im Tag zu leben, frei von der Ablenkung jeder anderen Zeit, der Zeit anderer. In Indien betrachtet man die Zeit anders als bei uns: Man sagt »kal«, wenn man gestern meint oder morgen. Auch für vorgestern und übermorgen gibt es nur ein einziges Wort. Man kennt also nur Heute und Nicht-Heute. In Indien gibt es keine Fahrpläne. Der Zug kommt heute oder nicht. Es gibt eben keine Eile bei den Hindus, alles in ein Leben zu pressen. Als ich meinem indischen Begleiter erzählte, dass man in Deutschland das Geld zurückbekommt, wenn der Zug verspätet eintrifft, lachte er laut und sagte: »Yes, my friend!«. In Burma, lese ich, ist es anders, dort gibt es kein einheitliches Wort für Zeit. »akying« meint die Uhrzeit, »na« meint kurze Zeit, »tawng« lange Zeit, »asak« die Lebenszeit. In Thailand ging ich einmal mit Arn, einem jungen Fischer, auf den Markt. Wie weit es sei, bis zum Markt, fragte ich Arn. »So lange, wie man Reis kocht«, meinte er. Wir liefen eine halbe Stunde. Am Abend wollte Arn für uns seinen Fang grillen. Wir kauften ein Kilo Reis. Das erschien mir viel für zwei Personen. Aber Arn klärte mich auf. Wir müssten heute so viel essen wie möglich, wir wüssten schließlich nicht, wann es wieder etwas zu essen geben würde. Morgen, das war morgen. Das Heute zählte. Arn war einer der fröhlichsten Menschen, der mir auf dieser Reise begegnete.

Nach dreihundert Tagen reisen geht es auch um die Frage, was mir Heimat ist, ein Zuhause bedeutet. Verliere ich durch die lange Zeit in fremden Ländern meinen Bezug zu einer Heimat, einem Zuhause? Konnte Stille eine Heimat sein? Glück und Freiheit eine Heimat?

Das Meditieren, diese Zeit der Stille und der Bewegungslosigkeit durchfließt mich mit aller Wärme. Aber ich lerne auch, dass Heimat für mich nicht mit einem Ort verbunden ist. Mit jedem Reisetag vergrößerte ich meinen Heimatraum. Ich trug jede Art von Freude, die mich glücklich machte, die mich frei fühlen ließ, jeden Mann, jede Frau, jedes Kind, jedes Lachen, jeden Tanz, jeden Song, jeden Berg, jedes Meer, jedes Feuer, jeden Nachtzug, jeden Nachthimmel, jede Konservenbüchse, jedes Glas Gin mit mir herum. Jederzeit. Heimat war für mich kein physischer Ort mehr, der auf Google-Maps zu finden war, kein Haus. Heimat war mehr als die Straße, in der ich als Kind das Radfahren lernte. Lag überall dort, wo ich sein konnte, wo ich liebte, wo ich wach war, wo meine Sinne tranken. Überall dort, wo das Aroma der Freiheit die Straße hinunterwehte.

In den thailändischen Bergen löste sich zum ersten Mal die Zeit auf. Hier erfuhr ich einen einmaligen Moment Gegenwart. Und verantwortlich war ein wunderschönes Tonikum: die Improvisation.

Ich ging abends in die Bar, wo Mister T mit seiner Band die Nacht durchspielte. Sie jammten drauflos. Hier ist, was ich sah: In der Ecke Mister T hinter den Drums sitzend, leise über das Fell streichend, alles aus dem Handgelenk, zwei Sticks unter dem Arm, Sonnenbrille, Kippe, schlug er dann gleich einen rasenden Rhythmus an. Die Band fest im Blick. Keiner wusste, was kam, da wühlte der Bassist schon in den Saiten. Der Dicke am Saxofon wischte sich mit einem Taschentuch über die Stirn. Dann schwollen seine Wangen an, und alle hielten den Atem an, bis mit einem Mal die Töne nur so herausschossen. Und der Dicke schwebte immer weiter, weit weg, Töne und Takte flogen nur so durch die Bar, hoch in den klaren Himmel. Dann, urplötzlich, unerwartet, ein zweiter Spieler, der Indianer in der Lederjacke, er spann die Sache weiter, jetzt kam ein richtiger Showdown. Er hielt die Glut am Leben, schwang sich auf. Er spielte, spielte, spielte, frei, sprang hinein, in jeden Zentimeter freien Raum, Atemzug um Atemzug. Nun lehnte er schon vornüber, dann stieß das Becken, dann hüpfte er. Und am Bass, an der Gitarre: Hände, Hände, Hände. Jetzt übernahm die Gitarre, nur die Fingerspitzen, leise erst, so stieg der Spieler ein. Dann nahm er Fahrt auf. Spielte sich in einen Rausch. Die Fingerspitzen kletterten auf und ab, sprangen hoch und runter. Bis der Bass-Spieler in die Quere kam, der das gesamte Tempo mitging wie bei einer guten Pokerrunde. Und jetzt war es mehr ein Verschmelzen, alles strömte in alle Richtungen. Jetzt brach der Damm, die Zeit hatte keinen Anfang und kein Ende mehr. Ich wollte mich ausdehnen, mich schütteln, weil der Rhythmus mich gepackt hatte. Niemand wusste, wohin der Beat nun mit uns flog, aber klar war, das war ja der Ort, wo wir alle hin wollten, hier wollten wir bleiben, niemand wollte zurück, es war verrückt, es verwandelte alles. Als der Bass-Spieler schon vor Erschöpfung umfallen wollte, übernahm das Saxofon den Beat vom Bass. Es floss ineinander, es gab keinen Bruch, es war mehr wie der Übergang der Jahreszeiten. Nun tropften noch ein paar gestreckte Töne heraus, die sollten versöhnlich sein, alles ebbte ab, bis der letzte Ton im Nichts verschwand, erschöpft, friedlich, glücklich. Sie gaben, was übrig war. Es war alles. Herz und Seele. Der Indianer torkelte von der Bühne. Mister T hinterher. Zurück blieb Zigarettenrauch.

In den Bergen wurde mir klar: Reisen und Jazz – reine Improvisation. In jedem Moment ein Aufbruch in das Unbekannte. Ein Abenteuer. Jedes Abenteuer fing dort an, wo wir improvisieren müssen. Wo der Weg uneben wird, holprig, wo man eine Prise wacher sein muss und schneller, um das Schlagloch zu umkurven, wach sein muss, mit weit aufgerissenen Augen und Ohren, wo jedes Bild, jede

Bewegung, jedes Geräusch einen lockt, kitzelt, wo alles strömt, man mitfließt, wo man als Welle über den Weg rollt.

Reisen, ja, Reisen war wie Jazzmusik, wie irgendwas von Charlie Parker oder etwas von Ella Fitzgerald, »Exactly Like You« zum Beispiel, das sie ja bei einer Live-Aufnahme in Chicago mit diesem unglaublichen Satz einleitet: »Ladies and Gentlemen, we are not doing any request, we are just doing what comes naturally.« Und dann lacht sie. Und der Beat setzt ein. Weil Jazzmusiker sich eben von einem besonderen Talent ernähren. Sich vom Spiel selbst antreiben lassen. Weil sie gierig sind, nach etwas Neuem, nach etwas, das bewegt – die Sinne, das Herz. Weil sie von Moment zu Moment zu Moment fortleben und mit jedem Ton brüllen: Weiter! Weiter! Weiter!

Jazz-Spieler wollen kein vorgegebenes Skript, Start- und Endhaltestelle der Reise sind unbekannt. Wenn sie spielen, sind sie wach, nutzen jeden Funken ihrer Sinne. Sie versinken im Rausch ihres Spiels, Ton um Ton um Ton, Takt für Takt für Takt. Es ist reine Wahrnehmung, es gibt keinen inneren Dialog mehr, nichts, was limitiert, nur die Entfaltung eines natürlichen Rhythmus. Die Spieler ignorieren jede Ablenkung, alles, was man einmal wusste.

Die besonderen Momente meiner Reise fühlten sich an wie Jazzmusik. Und mir wird klar, in der Stille des Wats: So will ich leben. Improvisierend, aufmerksam, präsent und schöpferisch. Das nehme ich mir vor. Und je mehr ich von Moment zu Moment improvisiere, die Dinge laufen lasse, umso glücklicher, leichter, reicher swinge ich durch meine Tage. Begreife, wofür meine Tage eigentlich da sind. Dass ich nichts anderes besitze als meine Tage.

»Little by Little« (Oasis)

Oben auf dem Hügel über dem Wat gibt es einen kleineren Tempel. Tausend Kerzen tauchen das Plateau in ein warmes Licht. Oben Mond, unten Meer. Ich habe noch nie einen so riesengroßen Mond gesehen. Bunte Blumen und Duftstäbchen. Die Betrachtung der Buddha-Statuen und anziehende Harmonie. Auf den Wandfliesen kann ich mein Spiegelbild erkennen, barfuß und in Shorts vor dem Tempelchen. Wer steht da, erschöpft? Ich lasse mich neben einer der Statuen nieder, mit ihren frech grinsenden Gesichtern, wie ich jetzt empfinde, stoisch sitzend.

Dieser fünfte Tag Meditation ist Marathonlauf und Boxkampf. Wie soll das denn gehen? Zehn Tage sitzen und schweigen. Wie lässt sich das durchstehen? Wann endet diese zermürbende Sitzerei? Wann dieser Schmerz? Vipassana will nicht schwärmerisch durchreist werden, sondern rebellisch. Die Thais haben eine überzeugende Antwort:»Tee la lek la noi.« Little by little, bit by bit. Und, grandios, schon habe ich Oasis im Ohr:»We don't claim to be perfect/But we're free/[...]/And all the time I just ask myself why/[...]/Why am I really here?«

Ich sitze in der Gebetshalle. Auf meinem Holzbänkchen. Die helle Sonne, gleißend, taucht alles in Weiß. Meine Augen schieben sich zu. Mein Rücken sticht. Die Schultern brennen. Die Knie drücken. Mein Kopf ist bleischwer. Immer wieder muss ich meine Sitzposition verändern. Kann kaum stillsitzen. Der Schmerz bohrt und bohrt und wird zum Kapitän. Meine Konzentration ist perforiert. Blicke immer wieder auf eines: den Sitz-Schmerz. Er ist alles, was gerade wirklich ist. Und jetzt verstehe ich, was ich bei Haruki Murakami las, als ich Zeit im Kloster in Kōya-san verbrachte:»Schmerz ist unvermeidlich, Leiden ist eine Option.«

Heute lenkt Steve unsere Aufmerksamkeit auf den Körper. Die Konzentration soll auf die gesamte Körperlandschaft, jede Bewegung, jedes Fühlen, jedes Empfinden gelenkt werden. Dann sollen wir beobachten, wie wir darauf reagieren.

Der Schmerz steht in meinem Körper. Und meine Reaktion ist glasklar: Ich will, dass er vergeht. Steve sprach gleich am ersten Abend von Buddhas erster edler Wahrheit: Alles Leben sei»dukkha«, Leiden. Ich knöpfe mir für den Rest des Tages den Schmerz vor, und – ungeheure Sache – schon bald jaule ich leiser. Der Schmerz sitzt im Rücken, den Schultern und den Knien – die Qual im Kopf. Ich laufe eine kürzere mentale Leidensstrecke, wenn ich mich konzentriere, auf den Kern, das Wesen, den Nerv einer Sache – und mich dann davon löse, alles vorbeiziehen lasse. Je weniger ich mit dem Schmerz kämpfe, desto weniger Seelenoberfläche demoliere ich. Meine Reaktion ist also ein Korrektiv für mein Leidensmaß.

Ich denke an das Box-Training auf der Insel Ko Tao. Dort gab es an jeder Ecke eine Boxhalle. Ich ging hin und begann zu trainieren. Beim Box-Training lernte ich: Es geht ums Atmen. Man musste die richtige Atemtechnik entwickeln. Bein heben, Arm ausfahren, vor- und zurücktänzeln, Kopf einziehen. Man brauchte den Sauerstoff in jedem Augenblick. Immer kam es darauf an: Das Atmen nie vergessen! Das Geheimnis aber war: Konzentration. Es gab keine Zeit für abschweifende Gedanken. Ich musste mich auf das konzentrieren, was ich tat. Den nächsten Schritt, den folgenden Schlag. Mein Körper schmerzte beim Training, ja, der Schmerz war unvermeidlich, aber ich litt nicht darunter, weil ich mich konzentrierte, weil ich alles andere vergaß.

Ich wage einen Blick und schaue auf die anderen Meditierenden, auf Steve und den Professor, die vor mir in der Gebetshalle sitzen. Ruhende Rücken. Ich blicke auf grenzenlose Gleichgültigkeit. Ich will den Schmerz auflösen, er ist unangenehm, lästig, qualvoll, ich fühle Widerwillen, Unzufriedenheit, Verdruss, Müdigkeit und Erschöpfung. Ich bin unsicher und komme mir klein vor, weil ich das Sitzen und Konzentrieren nicht aushalte. Die anderen, denke ich, die sind besser im Sitzen. Keine Beachtung, keine Aufmunterung, kein Wort, kein Blick. Zweifel steigen in mir auf, ob ich fünf weitere Tage durchhalten werde.

Noch immer habe ich es nicht besser gelernt: Um mich vom Schmerz abzulenken, reise ich mit meinen Gedanken. Jetzt überlege ich, wann ich meinem Körper das letzte Mal zuhörte, so konzentriert und aufmerksam. Es war im Himalaja. Dort nahm ich meinen körperlichen Zustand voll wahr. Ich brauchte dort oben meinen Körper zum Überleben. Etwas, was ja nicht mehr gewöhnlich ist. Maschinen ersetzen Körper. Technik radiert die Natur aus. Leib und Natur: Wir brauchen sie in der Stadt nicht mehr, nicht für die Arbeit, nicht zum Überleben – das Essen kommt per Klick, um 23 Uhr, vom Lieferdienst. Dinge und Denken bestimmen das moderne Leben in der Großstadt. So geht Beziehung, Verbindung verloren. Von Körper und Natur entfremdete Existenzen. Körper sind natürlich präsenter denn je und immer verfügbar – Casting Shows, Fitnessstudios, Magazine, Mode, Internet-Pornografie. Und alles zur Bewertung freigegeben. Wenn die Bewertung dann ausbleibt, kommen die Zweifel über unseren Wert. Wir sind abhängig von Bewertung.

Jetzt denke ich: Was verleiht mir eigentlich einen Wert? Und wer? Und weiter denke ich: Muss ich im Wat denn tatsächlich etwas erreichen? Einen Erfolg erzielen? Etwas werden? Ein Buddha? Etwas mit meiner Tätigkeit des Meditierens beweisen? Ist mein Wert von einem Ergebnis, einem Erfolg abhängig? Nietzsche formulierte eine simple Antwort:»Was sich erst beweisen lassen muss, ist wenig wert.«

Das Geheimnis – immer vermuten wir, es liege hinter den Dingen, in den anderen. Und mir fällt auf, dass ich die simple, aber entscheidende Frage bislang nie an mich selbst richtete: Wer bin ich? Und nicht: Wer sind die anderen? Was bin ich? Und nicht: Was sind die anderen? Kurt Cobain stellte einmal fest:»Wanting to be someone else is a waste of the person you are.«Ich will herausfinden, wer ich bin. Ich habe nichts zu beweisen. Und die andere entscheidende Frage:»Wie geht Freiheit?«– die hatte Cobain ja auch schon beantwortet:»Come as you are.«

Ich mag das Alleinreisen. Das Fremde mit eigenen Augen anzuschauen. Flaneur zu sein. Enthaltsamkeit steigert die Tiefe der Erfahrung. Im Himalaja lernte ich auch, dass mir das Alleinsein keine Angst machte, dass es Medizin war, ein Zustand, den ich genießen konnte. Weil ich aufmerksamer war, wacher, konzentrierter. Sich konzentrieren zu können bedeutete nichts anderes, als mit sich allein zu sein. Die Aufmerksamkeit auf seine ganz eigenen Gedanken, Worte und Tätigkeiten zu lenken.

Mit meinem Raketenflug durch mir absolut fremde, rätselhafte Kulturen, durch das Passieren kultureller Grenzen, begann ich – erstmalig – wahrhaftig zu erfahren, wie es ist, wenn mich nicht mehr kümmerte, was man von mir erwartete, wie mein Verhalten von anderen wahrgenommen und bewertet wurde. Ich erfuhr, dass mein Wert frei Haus daherkam, unabhängig. Keiner stellte Fragen nach Geschichte, Status oder welche Rolle ich gerade spielte. Und das fühlte sich verdammt gut an.

Ich traf unterwegs hübsche Alte und verrückte Junge, mit denen ich lachte, vereint durch die brennende Neugier und Lust auf Leben, wir verschütteten Inspiration, und manchmal waren es nur Flausen, wir waren freundlich und fühlend und gütig und liebend, waren weder Käufer noch Verkäufer.

Ich wollte tief in diese Kulturschocks stürzen, die Abenteuer meinten, dieses Herzflimmern. Die absichtliche Monokulturverweigerung. Ich lasse mein Herz machen. Zwei weitere Atemzüge, dann der verführerische Gedanke von Reise-Reporter Helge Timmerberg: »Regeln sind nur wichtig, wenn sich das Herz nicht sicher ist.« Beim Reisen verfestigte sich, dass mein Wert unabhängig war. Gepanzert gegen Schwankungen in Eitelkeit, Status, Struktur, Schöpfung. Unabhängig von meiner Arbeit.

Arbeit ist Religion geworden. Bei uns geht es immer um Arbeit. Man muss ja arbeiten für den Vorzug, Konsument sein zu dürfen. Die Arbeit füllt die Zeit, dann ist man abgelenkt. Dann ist man sicher. Dann gibt man vier Euro für Heißgetränke aus. Und weil sich alles so hübsch messen lässt, alles immerzu bewertet wird, lässt sich auch der eigene Wert ablesen. Was aber, wenn es keine Arbeit mehr gibt? Keine Bewertung der Arbeit? Was ist dann? Was bin ich dann? Und ist unsere Entwertung durch die pausenlose Bewertung nicht ohnehin etwas, was unsere Seelen einbeult?

Was wir Arbeit nennen, ist die Flucht vor dem Alleinsein und die Jagd nach Erfolg, einem Ergebnis, für das wir, so die verzweifelte Hoffnung, etwas bekommen, etwas, das uns mit Wert auskleidet: einen Lohn. Was wir tun, ist für die Belohnung, den Beifall, die Bestätigung, die Bewunderung, die Wertschätzung – Suche einer Legitimation unseres Seins. So frisst sich die Abhängigkeit in unser Leben hinein. Immer dem schnellen guten Gefühl hinterherhastend. Weil wir ohne einen messbaren Erfolg, ohne eine Bewertung, eben keinen Wert erkennen, keinen Sinn sehen. So muss zwangsläufig das schmerzhafte Gefühl entstehen, dass etwas fehlt. Weil Arbeit eben nicht echt ist, nicht eigenes Schaffen, eigener Ausdruck von Fühlen, von Denken, sondern das Hinarbeiten auf ein vorgegebenes Resultat. Immer abhängig, immer äußerlich, immer fremd – bis hin zur Bewertung durch andere. Abhängige Lohn-Arbeit eben. Und die digitale Welt macht es nicht besser. Die folgt brav weiter dem Henry-Ford-Prinzip. In jedem Job wiederholt sich alles. Endlos. Wie die Songs im Radio. Wir verharren in einem digitalen Taylorismus.

Wo bleibt die Freude, das Vergnügen, die Aufregung, das Überschäumen, die schlaflose Nacht, durch die Tätigkeit selbst, nicht des Resultats wegen. Die Freiheit, so zu handeln, solchen Tätigkeiten nachzugehen, die unabhängig von der Bewertung sind. Routiniert bauen wir immer wieder dieselbe Sandburg, weil wir gelernt haben, weil wir wissen, weil wir sicher sind (wie sicher eigentlich?), wir bekommen einen Lohn dafür.

Oft wurde ich unterwegs gefragt: Und was arbeitest du? Ich verstand die Frage immer weniger. Ich war ohne Lohn-Arbeit. Meine Lebenszeit füllte ich mit Tätigkeiten, die sich auf wenige, auf einfache Dinge beschränkten. Lesen, Schreiben, Spaziergänge, Beobachten, Landschaften betrachten, Zugfahren, Busfahren, Schifffahren, im Meer schwimmen, auf Berge steigen, durch Wälder streifen, Nichtstun. Die Tätigkeiten hatten keine Absicht, keinen Zweck in dem Sinne, dass sie ein Resultat erzielen mussten oder eine Dividende erbringen. Sie waren getrieben von meinen Leidenschaften, meinem Interesse, meiner Neugier, meiner Lust am Leben. Vom Entdecken, Erforschen, Erschaffen. Ich wollte wissen, lernen, wachsen. Arbeit begriff ich jetzt als Tätigkeit ohne Zwang, nur noch als Schöpfung, nicht als Wertbezugsquelle per Klick. Leben war nicht erst, wenn ich von meiner Zeit, meinen Gedanken, meinen Tätigkeiten etwas erstritt.

Es ging darum, Beziehung herzustellen: zur Natur, zu mir, zu Geist und Körper, meinen Tätigkeiten. Um welche Tätigkeiten es sich handelte, was ich im Einzelnen tat, war dabei unwichtig geworden. Es war nur wichtig, dass ich die Handlung ausführte, zu diesen Handlungen eine Verbindung herstellte, eine Verbindung, die Bedeutung, die Sinn schenkte, dass ich aufmerksam war, mit der Tätigkeit vereint, ich die Handlungen bestimmen konnte, Verfügungsberechtigter über Zeit und Tätigkeit war.

Mit dem Reisen kam das Schreiben. Ich hatte plötzlich die Freiheit, meine Lebenszeit zu füllen, wie ich wollte. Ich konnte schreiben – oder nicht. Ich hatte die Freiheit, zu bestimmen, was ich schrieb, worüber und wie. Nie wusste ich, wie es enden würde, was ich da notierte. Nun, mit dem Meditieren, schule ich zudem Aufmerksamkeit und Konzentration. Mit dem Schreiben und der Meditation kann ich der Abhängigkeit entkommen. Bin frei von Verwertung, Erfolg und Bewertung. Meine Arbeit ist unabhängig geworden von anderen. Ich tue nur das, was ich wirklich will. Begrenzung ist ein Gewinn.

Schreiben ist wie eine Zwiebel. Denn mit jeder Zeile, die ich schreibe, lege ich eine Schicht Schale ab, dringe tiefer vor, vor allem zu mir selbst. Ich drücke aus, was mich bewegt. Da sind diese unendlichen Gedankenfetzen, die verfolgt werden wollen, da rieseln Reize, die wie Lichtstrahlen auf einen schießen und nach ausführlicher Betrachtung gieren, da schwebt ein Klangteppich, aus dem der Lärm gezupft werden muss, um die Musik zu hören. Das Schreiben ordnet. Wenn ich schreibe, sortiert sich das geheimnisvolle Gedanken-Gewitter, das manchmal schmerzhafte Bündel Verwirrung.

Ebenso ist das Schreiben gut, um aufmerksamer durch die Landschaft zu stolpern, ein tieferes Verständnis zu entwickeln von dem,
was ich fühle. Schreiben ist ein mehrfaches Erfahren, es macht alles
tiefer, weitet das Bewusstsein. Mit dem Schreiben gewinnt das gesamte Unternehmen meiner Reise eine Bedeutung, einen Wert. Zur
Wertsache wird, was ich sehe, fühle, höre, rieche, schmecke, was
ich durchleide, erfahre, entdecke, in der Welt und in mir. Es ordnet
Eindrücke, Empfindungen, Einprägungen, es entwirrt Rätsel, es
spürt auf, was ich liebe und was nicht. Ich bin frei, auszudrücken,
was mich packt, was drinnen wühlt und rührt.

Ein weiterer Atemzug. Ein weiterer Versuch der Konzentration.
Und ein Befund: Mein Rücken, der schmerzt. Noch eine Stunde, bis
die Glocke kommen wird. Eine letzte Runde. Marathonlauf und
Boxkampf. Little by Little. Was für ein Tag, wunderschön, zufrieden,
erschöpft, unvergesslich, weil ich etwas über meine Freiheit lerne.

»Pictures Of You« (The Cure)

In den ersten Tagen im Wat gehe ich immer in die erste Kabine, den
ersten Holzverschlag mit dem wärmeren Wasser im Bottich. Weil
dort die Sonne durch die Ritze zwischen Mauer und Bambusdach
hereinbricht, und – in einem günstigen Winkel stehend – das Wasser spürbar erwärmt. Das Duschen im Wat geht so: Man schöpft mit
einem kleinen blauen Messbecher Wasser aus dem großen Kübel,
den man dann über dem Kopf ausgießt, bis ausreichend Wasser am
Körper hinunterläuft. Dann seift man sich ein. Dann schöpft man
wieder Wasser mit dem Messbecher. Es dauert drei Tage, bis ich
mich traue, in eine andere Kabine zu gehen, in eine, in die die Sonne
nicht scheint. Bis ich beschließe, okay, eine Dusche – geht auch
kalt. Bis ich offenbar eine Schicht von mir selbst abwasche.

Im Himalaja duschte ich anfangs jeden Abend. Immer wenn es
im Nachtlager Wasser gab, konnte man für 100 Rupien (1 Dollar)

heißes Duschwasser kaufen. Doch dann hörte ich, die Sherpas rieten von einer täglichen Dusche ab, der Körper verheize nach dem Duschen Energie, müsse wechselhafte Innen- und Außentemperatur balancieren, man solle lieber ein wenig am Wohlbefinden knapsen, besser ein paar Energierücklagen für die ungnädigen Höhen ab viertausend Metern anlegen, für den beschwerlichen Aufstieg. Die nächste Dusche nahm ich beim Abstieg. Die Sherpas wissen, wie man mit »dukkha« umspringt.

Steve erzählt an diesem Abend von der Bergsteigerei. Ich höre ihn sprechen, aber nicht recht hin, denn ich weiß ja, was kommt. Ich habe es selbst erlebt – in eiskalter Höhe, auf dem Weg zum Everest. Dort wollte ich damals hin: Zum Mount Everest Base-Camp, das war mein Ziel, mein ganzes Bestreben. Ich schaffte es nicht – und war glücklich und erschöpft und erleichtert und einsam und froh. Weil ich mich nicht mehr festkrallte, mein Ziel eintauschte, wurde ich reich beschenkt. Weil ich keine Energie verschleuderte für ein fernes Ziel, das ich mir einmal in den Kopf gesetzt hatte. Ja, eine heilsame Erfahrung.

Natürlich, sagt Steve, könne man auf Gipfel stürmen und allein dieses Verlangen danach, den Gipfel zu erreichen, alle Energie verzehren lassen, das Gesicht immer nach oben auf den Gipfel gerichtet. Die Vorstellung, oben zu stehen: kraftvoll.

Doch was wäre, fragt Steve, wenn man einem anderen Pfad folgte. Statt zum Gipfel zu jagen, einem Bild, einem Ideal, einem Ziel hinterher, loszulassen und aufzusteigen, durch die Wirklichkeit zu wandern. Keine Energie für ein fernes Verlangen zu verschütten, lieber jeden Schritt zu fühlen und die Wirklichkeit, den Ort der Präsenz, eine Landschaft des Jetzt.

Ich denke an die besonderen Momente meines Aufstiegs. Immer wenn ich mich auf einen Felsen setzte, um zu trinken, und in die Täler hinunterblickte, kilometertief, dann sah ich Weite, Leere, Geduld, Stille. Es war, als würde diese Leere auf mich lauern, unverdrossen warten, damit ich jede Jagd mit einem Ächzen und Stöhnen ausatmete, alles gehen ließ, bis mein Geist leer war. Dann blieb nichts mehr zu tun, nur die Wunder, die sich am Wegesrand herumtrieben, zu betrachten und zu spüren: Die wunderschönen, majestätischen Felsformationen, die Vögel, die ihre Runden drehten, die Häuser und Felder, den Rauch, der aus den Schornsteinen aufstieg, den Schnee, der von den Gipfeln geblasen wurde, die Menschen, auf deren schöne Gesichter die Sonne schien, den gewaltigen, verrückten Wind und das irrsinnigste Blau am Himmel, das ich je zu sehen bekam.

Das Laufen in den Bergen war reine Geh-Meditation. Ohne damals davon zu wissen, hatte ich in den Bergen von Nepal eine erste Lektion Vipassana gelernt. Ich musste mich konzentrieren. Auf das, was war. Jeden Schritt, jeden Atemzug. Es war seltsam und magisch: In den Bergen wollte ich immer weniger in die Zukunft flüchten oder in Erinnerungen. Ich hatte das Gefühl, je länger ich mich durch die Landschaft bewegte, die Natur durch mich hindurchdrang, umso unwichtiger wurden meine Gedanken. Meine Aufmerksamkeit galt dem Sehen und Hören und Fühlen. Der Wirklichkeit, die mich einhüllte. Ja, nur das Ziel Base-Camp lenkte mich noch ab. Und, ja, ich verschüttete tonnenweise Energie. Bis ich, auf dem Stein oberhalb von Gorak Shep sitzend, nichts mehr erreichen wollte. Vielleicht zum ersten Mal in meinem Leben.

Dann kommt mir das moderne Stadtleben in den Sinn. Jedes Handeln basiert letztlich nur noch auf einem Gefühl, dem man ausgeliefert ist: der Sehnsucht, etwas zu erreichen. Und so beginnt man anzuhäufen und anzuhaften: Geld, Status, Sachen, Schönheit, Gesundheit, Wissen, Bilder, Ideale, Visitenkarten, Freunde, Likes. In einer Kunstwelt, die auf Körper zielt und auf Emotionen, die den Geist hungern lässt, ihn auffrisst. Und jedes Gefühl: ein Konsumgut. So sind unsere Handlungen getrieben von der Hoffnung auf Erfolg. Der Erfolg ist nie dauerhaft, immer flüchtig, muss immer neu beglaubigt werden. Wie zermürbend, wie erschöpfend. Mit dem Erreichen eines Erfolgs erobert man Lohn und Liebe, meint man.

Dabei verliert man: jede Freude an eigenen Handlungen, an Aktivitäten, die auf der eigenen Identität beruhen, nicht auf fremden Gefühlen und Erwartungen, und die Neugier auf etwas, von dem der Ausgang unbekannt, unbestimmt ist, die Freude, die sich erst auf einem unerforschten Weg offenbart, auf der Reise. Man krallt sich fest an Sicherheit, Anerkennung, Lob und Liebe, die am Ziel – vielleicht – warten.

Beim Reisen lernte ich loszulassen, mich nicht mehr festzukrallen. An Plänen oder Erwartungen oder Zweifeln. Lernte: Gedanken und Gefühle – immer war alles in Bewegung, veränderte sich, kam und ging, wie die Blätter im Herbstwind. Wie jeder neue Ort, den ich sah; jeder Grenzbeamte, der Bakschisch wollte, jeder Zug, der erst tief in der Nacht ankam; jeder Bus, der stecken blieb; jedes Schiff, das nicht ablegte; jeder Mann und jede Frau, die mich nicht verstanden; jede Freundlichkeit, jede Hilfe, jeder Mut; jeder Widerspruch, der auszuhalten war; jedes Mahl, das anders schmeckte, als ich dachte; jeder Reisegefährte, jedes erste Lachen, jeder Abschied, jeder Kuss; jeder Regenschauer, Einsamkeit und Angst; jedes neue Lieblingsobst; jede Berührung; jede Hand; jedes fremde Wort; jede Heiterkeit; jedes schon geschlossene Hotel am Ortsrand; jeder letzte Musiksong der Nacht; jeder Plan, am Strand geschmiedet; jede Dusche, die nicht so war wie zu Hause.

Nuri, mein Sherpa, musste immer über die Bergtouristen lachen, die pausenlos klagten: über zu kaltes Duschwasser oder zu wenig, oder weil auf 4000 Metern einmal gar kein Duschwasser verfügbar war.

In Australien beschloss ich, kein nächstes Reiseziel mehr festzulegen. Die Ziele ergaben sich von selbst. Weil ich jemanden traf, der mir etwas erzählte. Weil ich an einer Kreuzung stand und meinem Gefühl nachgab, nach rechts zu gehen. Weil ein Busfahrer mich anderswo hinauswarf, als ursprünglich vereinbart. Weil ich die Sprache nicht verstand. Weil ich die Zeichen auf den Straßenschildern nicht lesen konnte oder die Namen der Ziele am Bahnsteig.

Wie oft war ich am Anfang meiner Reise, wenn ich in einer neuen Stadt ankam, durch die Straßen gelaufen, auf der Suche nach dem sogenannten besten Hotel. Wie oft hatte ich an einer Route festgehalten. An einem Plan für den Tag.

In Delhi suchte ich einen Tag lang nach dem Bahnhof. Ich wollte mit dem Zug nach Agra weiterreisen. Zehn Leute zeigten in zwanzig Richtungen. Als ich ihn endlich fand, saß ich am Ende einer endlosen Warteschlange. Dort füllte ich endlose Formulare in einer endlosen Hitze aus. Als ich fertig war und an der Reihe, stand ich vor einem grinsenden Inder mit Turban. Der prüfte ausgiebig meinen Antrag. Heute würden nur Tickets für den Zug am Sonntag verkauft, erklärte er mir nun. Ich wollte aber ein Ticket für den Montag – die gab es erst morgen. Der Bahnbeamte wollte ein paar Rupien von mir: »Servicegebühr« nannte er das.

Ich hatte mich wahnsinnig darüber aufgeregt und geflucht. Jetzt muss ich lachen über den Versuch dieses findigen Inders, der, ganz klar, unternommen werden musste. Und über mich, wie ich nicht loslassen wollte. Von meinen Erwartungen, Vorstellungen, meiner Moral. Meinem Ärger vor allem. Ich wollte doch die Zugfahrt! Jetzt stand ich da, als Idiot, der ausgenommen werden sollte. Nicht einmal eine Zugfahrkarte zu kaufen war ich in der Lage. Auf einem Trip durch Indien musste man doch mit dem Zug fahren.

Ich muss wirklich laut lachen. Steve sieht nicht rüber, meditiert weiter. Auch ich versinke wieder. Beim Meditieren sehe ich nun klar und deutlich, wie Gedanken durch mich hindurchjagen, kommen und davonziehen, bis mich – für aufmerksame Augenblicke nur, einen Atemzug oder zwei – eine beruhigende, seligmachende Leere überkommt, weil ich nichts festhalte, keinem Gedanken, keiner Emotion hinterherhaste.

Mit einem leeren Kopf hören wir besser zu. Ohne Bilder, Ziele, Erwartungen, Gewohnheiten, Sichtweisen, Meinungen, Ideale, Vorurteile, Klischees und anderen Gedankenmüll. Was ich lernte, war,

dass Wellen wilden Lebens aus jedem Tag und aus jeder Nacht fließen konnten, wenn man der Musik der Straße nur richtig lauschte.
Die Sache ist, dass wir nicht gut zuhören können. Die Queens of
the Stone Age wussten es und sangen die »Songs For The Deaf«:
»I want something good to die for / To make it beautiful to live. /
I want a new mistake, lose is more than hesitate. / Do you believe it
in your head? / I can go / With the flow.«

So ist es auch als Schreiber: Wahrhaft interessant wird es, wenn
wir am Ufer sitzen und dem Fluss beim Fließen zusehen. Als Schreiber wird eine Szene dann interessant, wenn man stehen bleibt und
zu Luft wird. Zum Kieselstein im Flussbett, zum Sandkorn auf der
Sandbank, zum Palmenblatt am Palmenstrand. Weil man Antenne
wird, zu hören beginnt, zu fühlen, zu sehen. Dann wird die Welt rau,
aber schön, leise und verletzlich.

In Indien saß ich auf der Dachterrasse meiner Pension und sah
auf Youtube die Werner-Herzog-Dokumentation »Jag Mandir«. In
dem Film spricht der Künstler André Heller darüber, warum ihn
Asien fasziniert. Während es bei uns eine klare Reihenfolge gebe:
erst Arbeiten, dann Kultur, sei Kultur in Asien Bestandteil des All-
tags. Alles geschehe gleichzeitig, fließe ineinander. So hielte man
an nichts fest, würde sich in jedem Moment der Unbeständigkeit
bewusst. Ich dachte an die wahnsinnigen Tuk-Tuk-Fahrten in Delhi
und verstand sofort. Alles, was man in Asien wolle, so Heller, sei,
klüger werden und vollkommener als Mensch.

Bei uns, sagt Heller, sei es umgekehrt: Wir werden dümmer und
ärmer. Wir wollen immer etwas erreichen, gewinnen, anhäufen.
Dann kaufe man ein Gemälde für einen Millionenbetrag und mache
ein Schild dran: »Kunst«. Zu den teuersten Gemälden eines Gegen-
wartskünstlers gehört Jasper Johns' »Flag«: 28,6 Millionen Dollar
für – eine Leinwand mit der amerikanischen Flagge.

Und ich möchte dem noch etwas hinzufügen: Wir hören nicht
zu. Uns selbst, der Natur, unserer Natur. Wir fürchten uns vor der
Natur. Was war die Natur noch? Wild. Roh, rau, grob. War Chaos,

Risiko, Unsicherheit, nicht zu kontrollieren. Aber das wollten wir ja: Kontrolle. Wir haben Angst davor, sie gehen zu lassen.

Freiheit liegt darin, dass es keine Kontrolle mehr gibt, dass nichts einen drängt, man nichts beweisen muss, wenn Fähigkeiten und Eigenschaften und Talente, wenn Instinkt und Ideen das Handeln bestimmen. Ich entwickele ein Interesse an den Dingen an sich, nicht an einem Befund, einer Ausbeute oder einem Ertrag. Meine Erfüllung liegt nun in den Dingen, nicht im Erreichen.

Meine Freiheit dehnt sich aus. Meine Identität kriecht hervor. Mit jedem Schritt, jedem Atemzug, jeder durchschrittenen Landschaft, jedem Gedanken, jeder Zeile. Im Himalaja schrieb ich auf, was mich bewegte, was mir gehörte: meine Erfahrungen, meine Gedanken, meine Erinnerungen. Das, was auf meiner inneren Landschaft zu entdecken war. Das machte mich unabhängig, denn ich hatte etwas Eigenes. Tage mit Glück, wenn man nicht mehr begehrt, als man empfindet. Die reine Freude am Dasein, am Schaffen. Wenn man nicht mehr will. Alles wurde möglich, weil ich an nichts festhielt. Dieser Blitz schlug ein, in den wilden Höhen des Himalaja.

Die wilden Dinge sind mein Tonikum geworden. Was auf meiner Reise regelmäßig meinen Stecker zog: die Freundlichkeit der Welt und die Schönheit der Natur. Natürlich griff der Stones-Satz »You can't always get what you want« – aber eben nur in Verbindung mit der – immer ignorierten – zweiten und dritten Zeile: »But if you try sometime you find / You get what you need.«

Mit den Stones schlief ich ein. Am nächsten Morgen, bei der Morgenmeditation, habe ich gleich wieder Oasis im Ohr: »Little by Little.« Warum also an etwas festhalten? Alles verging ja. Jahreszeiten, Ferien, Fitness-Abo, Flaschenbier, Frisuren, Sonnenbräune, Liebe, Lust, SIM-Karten-Guthaben, die Bundesliga-Saison. Atemzug für Atemzug wird mir das klarer.

In der Mittagspause meditiere ich weiter. Jetzt über das Wäschewaschen. Das kommt leider wieder – jede Woche. Hier im Wat ist Handwäsche angesagt. Auf einem Waschbrett schrubbe ich den

Dreck von meiner Wäsche. Unterwegs hatte ich die immer irgendwo in eine Laundry gegeben und sie für einen Euro mit der Maschine waschen lassen. Ich reiste mit einem 15-Kilo-Rucksack. Die Hälfte der Dinge, die sich darin befanden, hatte ich in den letzten zehn Monaten nicht angefasst. Und ich stelle fest, dass ich Besitz nicht vermisse. Besitz, das Wort hat seinen Ursprung im althochdeutschen »sizzan«: »sitzen«, »stecken bleiben«. So wasche ich hier, auf einem Hocker im Schatten sitzend, meine Siebensachen – wörtlich zu nehmen, es sind sieben T-Shirts.

Ich betrachte die Blumen, den Tempel und die Palmen, deren Blätter, jetzt, wo ich sie einmal ausgiebig anblicke, aussehen wie Säbel, die im Wind rasseln, höre die Glöckchen im Wind und fühle die Wärme. Ich weiß, das ist mein Glück – mehr will ich jetzt nicht. Oben, auf der Stimmungsdachterrasse sitzend. Doppelt Gin im Glas. Dann gut mit stärkendem Tonic aufgefüllt. Und dann Louis Armstrong: »We have all the time in the world.«

»Wake Up Dead Man« (U2)

Buddha bedeutet »der Erwachte«. Der Reiseschriftsteller Nicolas Bouvier, viele Jahre im buddhistischen Japan lebend, vermutete, dass Buddha bei seiner Geburt die Hebammen schockte, indem er den Damen unablässig weise Ratschläge erteilte. Wie lässig der Bursche wirklich war, weiß Jack Kerouac, der das Leben von Buddha studierte: Siddhartha Gautama, als hübscher Sohn eines Königs geboren, eine Art Marlon Brando B. C., auf einem Pferd aus dem Palast des Vaters reitend, ließ jedes Privileg, jeden Reichtum und einen gut gefüllten Harem zurück, allesamt herrlich hübsche Mädchen, um sich dem Alleinsein zu widmen, weil ihm auffiel – wie von einem hell scheinenden Lichtstrahl ins Mark getroffen –, dass die Welt unendlich war und eine Illusion. Und wenn alles Illusion und Unendlichkeit war, war ja alles möglich.

Ja, natürlich, es stimmt: Unendliche Möglichkeiten liegen immer vor uns. Ich kann nach Timbuktu reisen oder nach Tibet oder nach Teheran. Nach Sansibar, zum Kilimandscharo oder nach Madagaskar. Heute meditiere ich darüber, ob wir nicht in der sagenhaften Epoche lebten, in der wir zum ersten Mal die Möglichkeit haben, absolute Freiheit zu erfahren. Und ob uns diese Möglichkeit ängstigt, lähmt. Uns unglücklich macht, weil wir ja nie die richtige Wahl treffen, immer eine andere oder bessere hätten treffen können. Nein, ich muss nicht in 193 Staaten der Erde reisen. Nein, ich muss nicht alle iTunes-Songs runterladen und hören. Und nein, ich kann niemals die 95 Millionen Bilder ansehen, die täglich auf Instagram geteilt werden. Nur wenn ich loslassen kann, würden Möglichkeiten zu echten Freiheiten. Sonst torkele ich durch das Ende der Freiheit, sturzbesoffen von der Unendlichkeit der Dinge, der Grenzenlosigkeit der Möglichkeiten, zu leben und zu lieben.

Steves abendliche Ansprachen und das Meditieren über die Dinge tanzen wie ein Blitz durch mich hindurch, und ich muss anders auf das Leben blicken. Mein Herz schlägt jetzt wilder und wacher, reiner und ruhiger – und das allein ist ja schon ein Wunder.

Mit jedem Tag im Wat erfahre ich mehr von der Kraft der Meditation, Unruhe zu verbannen, entdecke, wie tiefere Ruhe mich überkommt, die Aussicht auf einen inneren Frieden lodert, der dann meine Sinne schärfen würde, verzücken und berauschen und der meine Güte und Dankbarkeit zum Jubeln und Glühen und ins Rollen bringen würde.

Ist es nicht Zeit, denke ich jetzt berauscht, ein paar Atemzüge weiter, scharfe, blaue Luft verschlingend, ist es nicht Zeit für das Comeback eines Gammlertums? Das niederdeutsche Wort »gammelen« bedeutet: »alt werden«, »langsam tätig sein«. Und mir kommen die Koalas in den Sinn, die ich in Australien sah, wie die Burschen auf den Bäumen rumhingen, eukalyptusmampfend. Im Outback roch es überall nach Eukalyptus. Und ich frage mich, ob da nicht ein Zusammenhang herzustellen ist: Im Koalatempo durch die übervolle Welt wandernd, erfahrend, betrachtend, in jedem Augenblick aufmerksam, sich von jeder Zeit und jedem Denken und jeder Bedeutung frei machend – vertiefte dies die Freuden der Welt, dehnte es jedes Herz, würde es leichter, friedlicher, reicher machen? Gammeln in Goethes Sinn: »Was ich nicht erlernt habe, das habe ich erwandert.«

Nie wollen wir bleiben. Jede Vergangenheit wird Erinnerung, quetscht unsere Sentimentalität aus wie eine Zitrone. Doch diese Emotionserinnerungen sind listige Diebe. Sie sind nicht echt. An der anderen Ecke lauert die Zukunft, haucht uns Angst ein, weil wir vor unendlichen Möglichkeiten stehen, vor dem Zwang, ferne Zeit füllen zu müssen. Und unsere ewige Flucht gilt der Gegenwart, die soll schnell vorüberzieht wie Gewitterwolken. Wie jetzt, am neunten, am vorletzten Tag, am frühen Morgen im Wat, weil mir der Rücken schmerzt. Das Stillsitzen. Eine kalte Cola wär jetzt gut, weil die Sonne schon drückt, oder mal auf dem Rücken liegen wenigstens, ein bisschen was lesen, Blick in den Himmel, mal ablenken. Wie dumm! Wenn die Millionen Momente mir gehörten, ich frei wäre, unabhängig über sie verfügen könnte, wie ich will, im Augenblick bliebe, dann wäre ich Millionär. Ein Atemzug gelingt jetzt, ohne Flucht: »King for a Day, Fool for a Lifetime«.

»Be kind to yourself«, zündelt Steves Weisheit an diesem Morgen. Würde die Glocke heute nicht schon um vier Uhr gehen – mir wäre das schon gütig genug. Weniger Rückenschmerz wäre auch was, eine Cola eben. Aber Vipassana will Verbindung. Durch kontinuierliches Loslassen. Vipassana löscht die brennende Angst vor den unendlichen Möglichkeiten. Wenn ich nicht an Möglichkeiten anhafte, brauche ich keine unendlichen Möglichkeiten. Dann bin ich frei von der Tyrannei der Wahl. Wir meinen, je mehr Wahlmöglichkeiten wir besitzen, desto mehr Freiheit haben wir. Doch die Wahrheit ist: Je größer die Auswahl ist, umso schwerer fällt es uns, eine Entscheidung zu treffen – bis wir keine mehr treffen können. Hinzu kommt: Wo Möglichkeiten sind, gibt es immer Unerreichtes.

Wenn ich nach Timbuktu reisen kann, dann heißt das ja gleichzeitig, dass ich nicht da bin. Mehr Wahl bedeutet nicht per se Freiheit. Wenn alles Wahl ist, wird es zum Zwang zu wählen. Eine ewige, zermürbende Tyrannei. »Be kind to yourself« meint, dass nichts eine Bedeutung hat und ich frei entscheiden darf. Freiheit liegt in dem Frieden, auch tatsächlich eine Wahl treffen zu können.

Bei Unendlichkeit fällt mir natürlich gleich das Meer ein. Obwohl es ja immer eine Küste gibt, die Festland markiert, in einem Ufer endet. Doch ich denke jetzt über die Frage nach, warum das Meer magisch ist. Meer: immer letzte Ausfahrt. Blau atmend. Mit blauer Seele. Ist das Meer der letzte Ort zum Alleinsein? Weite, Tiefe, Ruhe und Raum – gehört alles zur Basisausstattung eines heiteren Meerangebots. Das Meer ist beides: rau und glatt. Es engt mich nie ein: Man kann ruhig werden, aber auch ekstatisch. Dem Meer ist alles egal, es richtet nicht. Man bestimmt den Kurs selbst. Aber halt – stimmt das? Ist es nicht so, dass am Ende doch immer das Meer über den Kurs verfügt? Man mit dem Meer mit muss? Das Meer also nur gütig mit uns ist? Man nur erkennt, wie klein man ist, sich aber dennoch frei fühlt? Wahr ist in jedem Fall: Jeder hat eine Verbindung zum Meer, zum Wasser. Meine Theorie ist: Am Meer kommen alle Elemente zusammen, tief in jeden unserer Sinne tauchend. Das Wasser löst alles auf. Reinheit und Wirklichkeit siegen. Das macht unsere Liebe zum Meer aus. Daher fühlen wir uns heimisch, verankert, verbunden, geeint, fröhlich, liebevoll. Vielleicht stimmte auch einfach, was ich bei José Saramago las: »So wie das Meer ist die Liebe.«

Es war ja auch eine irrsinnige Idee der Natur, einen Raum zu erschaffen wie den Himmel, der keine Grenzen kennt, in dem alles schwebt, wie im Meer. Grenzenloses Blau, grenzenlose Möglichkeiten, grenzenlose Expansion und Wachstum. Ich blickte, als ich daran zum ersten Mal dachte, in ein anderes Blau, das des Pools, an dem ich lag, mitten auf einem Hügel im Urwald auf Bali. Der Pool stand in einem hübschen Kontrast zu dem Blau des Himmels.

Er war in einer geschwungenen Form angelegt und von Steinen begrenzt. Man konnte rund zehn Meter schwimmen. Dann war Schluss. Um an den Pool zu gelangen, musste man Gast des Hotels sein. Der Zutritt war beschränkt. Ein Vogel kam geflogen und setzte sich an den Rand. Er trank vom Wasser, weil er durstig war. Er scherte sich nicht darum, wem das Wasser gehörte.

Je mehr ich meditiere, umso mehr begreife ich, es geht um Verbindung. In einer Epoche der unendlichen, manischen Vernetzung verlieren wir ja mehr und mehr die Verbindung, weil wir in Häusern sitzen, statt durch Wald und über Wege zu streifen, um zu wohnen, statt zu leben, wir Goretex tragen, statt Wind und Regen zu spüren, wir Web-Check-in machen, statt am Schalter in hübsche Augen zu blicken und ein strahlendes Lachen zu schenken. Ignorieren und ignoriert werden. Grenzen auf Weltkarten malen. Praxis in Weltsachen haben wir irgendwann eingebüßt.

Die Leerheit der Dinge ist die Unendlichkeit der Dinge. Die Sache ist, alle Dinge sind mit Wert, mit Bedeutung aufgeladen. Eine künstliche Markenwelt, die unsere Identitäten definieren soll. So verlieren wir jede Verbindung. Nur Fülle hat noch Wert. Wenn ich es schaffe, jeden Augenblick zu sehen, wie er ist, jeder gleich viel wert, ob leicht vor Glück oder schwer mit Schmerz, dann habe ich gute Karten.

Beim Reisen und Schreiben mache ich die Erfahrung, dass man sich unendlich mit etwas beschäftigen kann, wenn man frei von einer Absicht ist. Wenn man einer Sache volle, ungeteilte Aufmerksamkeit schenkt. Fernando Pessoa: »Eine leichte Brise, ein Gespräch ohne Absicht oder Plan, ein Becher voller Wein, dazu Blumen, darin und in nichts weiter gipfelt der höchste Wunsch.« Wenn wir nur nah genug heranrücken an die Sache, dann können wir deren eigene Bedeutung, einen eigenen Wert erkennen. Dann werden wir frei, in der Wahrnehmung, der Betrachtung, ohne jede Bewertung. Dann können wir unsere Lebenszeit tatsächlich erleben, fühlen, erfahren.

Ich verlor Gewicht beim Reisen. Erst Körpergewicht, dann Gewicht in meinem Rucksack, dann seelisches Gewicht, dann Erwartungsgewicht, dann Beziehungsgewicht. Die Meditation kommt rechtzeitig. Eine Reise, die mich erschöpft hat, die in jeder Hinsicht vor Fülle nur so zerbarst. Jetzt trainiere ich, still sitzend, meine mentalen Muskeln, um leerer, klarer zu werden. Um auch an Orten und in Zeiten, die überfüllt sind mit Möglichkeiten, Wahl und Wollen, meine Freiheit zu verteidigen.

Reisen ist Bewegung und Arbeit. Unterwegs zu sein ist ein wunderbar unbequemer Boxring: Es gibt mir die Möglichkeit, aufmerksam zu sein mit allen Sinnen, gespannt wie ein Bogen. Durch die Welt zu wandern. In das Leben der Menschen für eine Weile einzutauchen. Ihre Geschichten aufzuschreiben. Ich lebe immer dreimal: beim Erfahren, beim Schreiben, beim Lesen. Ich bin aus mir selbst heraus schaffend. So bin ich in Verbindung.

Ich freue mich, dass andere Leute beginnen, meine Sachen zu lesen. Dass sie bewegen. Eine Leserin schreibt: »Ich kaufe mir jetzt einen Rucksack und gehe wieder reisen.«

Nein, es ist keine absolute Freiheit, die mich auskleidet – aber eine besondere, eine besonders beglückende, weil sie über die Freiheit hinausschießt, etwas nicht zu tun.

Ja, ich erlaube mir die Freiheit der Enthaltsamkeit. Nicht jeder Möglichkeit hinterherzueilen. Allem Vorüberziehenden. Die Freiheit zum Nicht-Wollen, zum Nichts-Wollen. Eliminierte Erwartungen, wann immer möglich.

Und, ja, ich erlaube mir die Freiheit, nur das zu tun, was ich wirklich will. Ich lasse mich leiten von Instinkt und Vertrauen. Ich lebe nun spontan, aus einem inneren, eigenen Antrieb heraus. Ich erlaube mir die Freiheit zu einem schöpferischen Handeln. Moment für Moment fügt sich aneinander. Das genügt mir, so kann ich in Verbindung bleiben, aufmerksam im Augenblick, loslassen.

Ich bin frei, weil ich keine Angst habe vor meinen Möglichkeiten der Freiheit. Weil ich weiß, mir kann nichts passieren, wenn ich bei mir bin. Ich bin in ein waches Leben eingestiegen, beginne zu leben, beginne zu lieben. Und wenn ich es genau besehe, ist das dasselbe.

»Love« (John Lennon)

Und dann kann ich nicht mehr sprechen. Der Professor schaut mich an und redet und redet. Ich höre nicht recht hin. Bin abwesend. Weil ich innen auf der Suche nach der Sprache bin. Dann lacht er und wartet. Er hat mir eine Frage gestellt. Mir will kein Ton gelingen. Ich will Wörter heraufholen, doch sie stecken irgendwo zwischen Bauch, Herz und Hirn fest. Es ist die längste Pause, die tiefste Stille, die es je zwischen zwei Menschen gegeben hat – so kommt es mir vor. Schöne Pointe: Nun, am neunten Tag, bin ich es also, dem die Worte fehlen. Nach zweihundert Stunden Schweigen dürfen wir für eine Stunde sprechen. Doch ich kann nicht. Es sind nur wenige Sekunden, aber es ist der vielleicht eigenartigste Moment in meinem Leben. Ein Wort – zuweilen eine unmenschliche Anstrengung. Irgendein Zustand der Veränderung überfällt mich. Was es ist – ich kann es nicht genauer ausdrücken.

Albert Camus sagte einmal, wir hätten keine Zeit, wir selbst zu sein, nur glücklich. Ich will nicht auf den schnellen, langweiligen Highways jagen. Mein Weg soll Schleichweg sein, immer dorthin, wo meine Zeit sich füllt mit dem, was ich liebe. Lieber lasse ich mich von dem verschlingen, was ich liebe, als von irgendetwas, das weniger war, einem Funken, der weniger hell glühte.

Beginnt das reine Leben, das reine Liebe wert ist, nicht immer an der Grenze zum Abenteuer? Dort, wo ein neuer Stempel in den Pass kommt? Dort, wo man der Routine das letzte Mal die Hand schüttelt? Wo alles Fremde beginnt zu kratzen und zu scheuern. Und ist es so nicht auch mit der Liebe? Abenteuer und Liebe, lieben und leben – ist das nicht eine blühende Kombi? Eine, die einem Tage beschert, die randvoll sind; berstende Tage, die glühen und überschäumen, einem den Körper zittern lassen, und am Ende sinkt man vor Erschöpfung hin und in einen tiefen Traum.

Liebe ist anstrengend. Sie erfordert Training wie ein Marathonlauf oder Thai-Boxen. Wie Meditation oder das Schreiben. Wenn es zehntausend Stunden braucht, um eine Kunst zu erlernen, ein virtuoser Jazzspieler zu werden, wie Malcolm Gladwell schreibt, – warum soll es mit der Liebe schneller laufen? Mit »Pretty Woman« gucken ist es also nicht getan.

Liebe ist wie Vipassana: Beide machen so herrlich rebellisch. Beide lehnen sich auf gegen reines Existieren. Beide wollen tiefer, höher. Vipassana zeigt mir, dass es selbst bei der Liebe um Konzentration geht. Meditation, Schreiben, Liebe – alles läuft auf Konzentration hinaus. Warum? Weil man Akteneinsicht will. Ein Verstehen, die Seelenlandschaft betreffend. Patti Smith hatte also recht: »Art is total concentration. A good artist has always got his hand in his zipper.« Konzentration auf den Sound der Seele. Das Herzweh, die Freudentänze. Zuhören. Bis Leben ein kreischendes »Ja« wird.

Alles, was wir wollen, ist die Liebe. Aber wir bleiben hängen, im Netz der »Pretty-Woman-Liebe«. Diese Liebe gibt, aber nicht ohne Bedingung, sie will etwas zurück. Und wenn es nur die Ewigkeit ist. Charles Bukowski: »And you invented me / and I invented you / and that's why we don't get along / on this bed any longer / you were the world's / greatest invention / until you / flushed me / away.«

Jetzt meditiere ich also über Liebe. Mit 37 sollte ich doch ein komplettes Leben präsentieren können. Bis dahin muss Klarheit herrschen, muss ich meine Liebe verteilt haben. An die Biersorte, den Fußballverein, eine Etagen- oder Reihenbehausung, die Monats- oder Jahreskarte, den Zahnarzt, die zu Liebenden. Ich muss mich entschieden haben zwischen Mac oder PC, Beatles oder Stones, New York oder Paris, Pauschalurlaub oder Camping. Das muss alles festgelegt werden. Das muss man sich alles am besten beglaubigen lassen. Mit Eigentumsurkunden. Dann, endlich, kann ich in Ruhe mit ein bisschen Leben beginnen. Ich muss mich für eine ganze Menge Liebessachen entschieden haben.

Mit Vipassana verstehe ich: Aufmerksam sein bedeutet zu lieben. Zu verstehen bedeutet zu lieben. Zu akzeptieren bedeutet zu lieben. Es geht um Einsicht und Verbindung. Zum anderen, zum Fremden. Nicht zu schwach zu sein, etwas aufzugeben. Nicht zu stark, etwas zu verlieren. Und nicht zu verlieren, was von einem in der Welt ist. Jetzt denke ich: Warum tun wir es in der Liebe nicht wie beim Atmen? Der Atem ist frei. Zuweilen tief, zuweilen flach. Manchmal erregt, manchmal ruhig. Grob und sanft, stark und schwach, laut und leise. Hauchend und keuchend, stehend und fließend, flüsternd und schreiend. Den Atem kann man fühlen. Fühlen ist atmen. Der Atem strömt. Strömen ist atmen. Der Atem ist immer Atem. Er kommt und geht. Und ist doch immer bei mir. Der Atem pumpt leichte Luft. Instinktiv, natürlich, rhythmisch. Ich erwarte nichts von ihm. Dennoch gibt er, was mir fehlt. Er nimmt es mir nicht krumm, richtet auch nicht, wenn ich einen Berg hochlaufe.

Wenn ich meine Aufmerksamkeit auf meinen Atem richte, ihn nicht dränge, einen ganz natürlichen Rhythmus anschlagen lasse, versinke ich. Es zieht mich richtig hinein, wie ein Sog. Ich verschmelze mehr und mehr mit jedem Gefühl, mich befällt eine kristallklare Klarheit. Alles bündelt sich, ein Strahl. Meine Konzentration vertieft sich, ich kann loslassen, alles andere gehen, vergehen lassen. Was ich sonst bin. Das Denken ist ausgeknipst. Hunger und Durst, jedes Begehren verschmilzt. Ich bin da, in einer Mitte befindlich. Lebendiges Leben wirbelt, entfaltet sich, schwebt, schwirrt. Symmetrisch, synchron, schön. Nackt, so wie es war. Klar und hell wie der Mond. Die Gedanken still, die Seele laut. Ich rieche das Grün der Palmen und wie sie wachsen. Ich kann endlose Farben auf dem Rücken der Eidechse sehen, die nachts im Fenster über mich wacht. Ich kann etwas lieben, auch wenn ich es nicht verstehe.

»Gehen wir?« Wir gehen, in den Ort, und weil es schon so herrlich heiß ist, bestellen wir Bier. Dann reden wir über zehn verrückte

Tage, und der Professor will wissen, wie meine waren. »Gut«, sage ich und grinse, »ein bisschen wenig Bier nur, dafür viel Sex im Kopf.« Der Professor lacht und versteht. Weil es uns doch irgendwie allen gleich ergangen ist. Ich spreche nicht viel, frage den Professor aber doch, was er nun machen wird. Ja, meint der, er habe da eine Idee. »Norwegen«, verkündet er nicht ohne Stolz, aber ohne weitere Ausführungen zu machen. Ich stelle mir den Professor dort vor, mit einer Angel vor einem Holzhaus meditierend. Und dann lacht der Professor eine ganze Weile, und wir verschwenden den restlichen Tag ausgesprochen heiter.

Ich denke, ob ich noch etwas Besiegelndes denken muss, aber nein, jetzt weiß ich nur: Das Sitzen hat meine Reisemüdigkeit besiegt, ich will wieder Bewegung.

Ich ziehe weiter, fliege von Bangkok nach Burma. Eine ferne Welt, die nicht zu enträtseln ist und daher geliebt werden will.

BURMA

Der Preis der Freiheit

Dreiunddreißig

Freedom from Fear

Yangon. Der donnernde Nachtregen ist schon da, als ich im Taxi auf der Rückbank Platz nehme. Das Beifahrerpolster ist zerschlissen, die nackten Spiralfedern springen jetzt im Takt der löchrigen Straße auf und ab. Der warme Regen fällt und fällt, und auf dem Asphalt und in den Pfützen spiegeln sich die Nachtlichter.

Ein geplündertes Vehikel offenbarte sich beim Einstieg: keine Türverkleidungen, keine Armaturen, kein Gurt, kein Griff, kein Knopf, kein Knauf, die hinteren Fensterscheiben fehlen, die Handkurbeln wie rausgerupft. Ist dieses Taxi Allegorie für ein verwittertes Land? Innenlandschaft und Außenwelt. Was erwarte ich eigentlich? Ein Pjöngjang mit Palmen?

Mein Blick in den Rückspiegel des Wagens ist gleich ein tiefer Blick in Burma hinein. Von vorn schauen mich Augen an, so strahlend, so herzlich – ich muss in ihnen hängen bleiben. Wunderschön, die Züge des Gesichts, die goldbraune Haut des Fahrers. Dann deutet er mit ausgestrecktem Arm nach rechts, aus dem Fenster hinaus – dabei hätte es dessen gar nicht bedurft. Sehen kann ich das Land in seinen Augen. Die Blattgoldpatina der Shwedagon strahlt über alles hinweg und jedes hindurch. Hinter der Pagode taucht ein zartschöner Mond auf, und ich wundere mich, wie bei diesem dichten Regen ein Mond zu erkennen ist.

Das »Beautyland Hotel« heißt nachts »Beauty Hotel«, ein paar Neonröhren der Leuchtreklame wollen nicht leuchten. Von den Simskanten hängen Schlingpflanzen herab, aus den feuchten Betonwänden wuchert Unkraut. An der bunkergrauen Hauswand eine krumme Palme und blaue und gelbe und rote Satellitenschüsseln. Der Regenbeat wird verschluckt von kreischenden TV-Geräuschen.

Dann stürmen schon die lachenden Jungs von Hotelbesitzer Nay aus dem Haus. Mit aufgespannten Regenschirmen, die nun auch schon keinen Unterschied mehr machen. Von den Schirmen strömt unaufhörlich Monsunregen, der als Bach auf dem Asphalt der abschüssigen Straße weiter dahinfließt. Mit blütenweißen Hemden stehen die Jungs da, leuchtend wie die Shwedagon-Pagode, die wir kurz zuvor passiert hatten. Sie fallen freundlich über mein Gepäck her und schieben mich in die gefliese Gaststube. Nun sitzen sie in ihren weinrot-schwarz karierten Longyis, den traditionellen Wickelröcken der Männer, und mit senfgelber Bemalung auf den Gesichtern wie auf Schulbänken aufgereiht, auf den Fernseher starrend, statt kunstvoll Papierservietten akkordzufalten. Unter der holzgetäfelten Decke hängen Ventilatoren, sie kreisen müde durch die tiefe Nacht. Aus dem Fernseher spricht eine Frau, und Nay deutet mit dem Kopf hin und sein Lächeln ist plötzlich grenzenlos: »The Lady«, sagt Nay.

Mit »der Lady«, mit ihrer Allgegenwärtigkeit, mache ich also gleich nach meiner nächtlichen Ankunft ausgiebig Bekanntschaft. An einem Tisch sitzt Emma aus Israel. Sie habe heute Aung San Suu Kyi getroffen. Emma sitzt unter dem Porträt der Friedensnobelpreisträgerin, die insgesamt fünfzehn Jahre unter Hausarrest stand. Es hängt hier, wie in fast jedem Haus in Burma, als offener, sichtbarer Liebesbeweis an der Fliesenwand. Vor zwei Monaten war die Lady das erste Mal seit vierundzwanzig Jahren ins Ausland gereist. Ich will von Emma wissen, was das denn meine, sie habe sie *getroffen*. Am Tag ihrer Ankunft in Yangon hielt Suu Kyi eine öffentliche Rede. Und alle warteten, unstillbar der Hunger nach einem Wort von ihr, und es schien abgemacht an diesem Julitag, dass ihre Lady nun endlich auch ihre Präsidentin werden würde. »Eine wunderbare Frau«, sagt Emma. Sie habe zart ausgesehen, mit einer Blume im Haar, und so stark. In Burma ist die Zeit ohne die Welt vergangen. Sechs Stunden Radio hören, jeden Tag, das ist das Pensum der Lady, um mit der Welt verbunden zu bleiben. So isoliert war sie, so sehr isolierte sich Burma vom Rest der Welt seit dem Militärputsch. Das war 1962. Manchmal spricht sie selbst in der Zeit ihrer

Gefangenschaft, die Gedemütigte, aber nie Ängstliche, voller Klugheit, Worte der Freiheit: »The only real prison is fear and the only real freedom is freedom from fear.« Und ob wir unserer Angst nachgeben, zum Glück, ist unsere eigene Wahl. Die Lady macht Mut. Sie kämpft. Wofür? Für die Burmesen. Für Freiheit. Seit 1962 lesen sich Nachrichten der Angst unter der Schreckensherrschaft so: Gewalt und tote Mönche beim Safran-Aufstand; willkürliche Verhaftungen von Journalisten, Schriftstellern und Studenten; Verfolgung von politischen Gegnern, Unterdrückung der Meinungsfreiheit, Zwangsarbeit; Bürgerkrieg zwischen dem Militär und der Minderheit der Kachin; Terror gegen die muslimischen Rohingya, Zehntausende von ihnen werden bis heute vertrieben, vergewaltigt, getötet. Und die unzähligen Jahre Hausarrest für die Oppositionsführerin und Nobelpreisträgerin. Was also ist in Burma zu erwarten? Verzweiflung, Zerbrochenheit, Verwahrlosung? Zermürbung, Auflösung, Zerstörung? Erniedrigung, Elend, Zorn?

Weiterreise in den Norden, nach Bagan. Was man auf dem Weg sieht, strahlt golden: Pagoden und Gesichter. Und in die Gesichter sinke ich und kann nicht aufhören hinzusehen: Ein Mädchen steht mit Schirm in der Sonne, ein »dabbas«, einen Henkelmann, in der Hand; eine Frau in Flipflops und blauem Wickelrock beugt sich hinunter, wäscht neben dem Brunnen ihr langes schwarzes Haar mit einem Stück Seife; aus dem Fenster eines klapprigen bunten Busses hängt ein Mann und ruft nach Mitfahrern; ein Mann auf der Fahrbahn, vor einem offenen Feuer stehend, rührt mit einer Kelle in einem Wok voll Öl und Teig; Männer waschen in einem Fluss eine Rikscha und einen Ochsen; der Fahrer einer Pferdekutsche schläft auf dem Rücksitz; drei Frauen sitzen um ein öffentliches Telefon herum; Mönche, barfuß, fegen die Straße; zwei Frauen im Feld, vor einem goldenen Tempel, sie haben einen Tisch und Plastikstühle aufgebaut und essen; ein junger Mann gießt versunken Wasser über den Kopf irgendeiner heiligen Statue; ein Mann läuft die regennasse

Straße entlang, einen Ochsen an der Leine; ein Steinmetz sitzt mit einem Winkelschleifer vor einer weißen Buddhastatue, weißer Staub auf seinem schwarzen Haar; ein junger Mönch legt einem anderen den Arm auf die Schulter; rosa und safranrote Gewänder unter Schirmen, wie schwebend durch grüne Reisfelder; fröhliche Schulkinder mit Umhängetaschen sausen im Stehen auf viel zu großen Fahrrädern die Straßen entlang. All diese Augenpaare – sie blicken mich heiter an und lachen in meine Seele hinein.

Was macht ein Land, eine Stadt einzigartig? Im Internet gibt es ein Video, in dem Leute gefragt werden, wie sie New York mit drei Worten beschreiben würden. Die häufigsten Antworten: Verbindungen (connections), Vielfalt (diversity), Ziegelsteine (bricks).

Bagan könnte nicht weiter entfernt von dem sein, was New York ist. Doch die Beschreibung von Bagan muss lauten: bricks, bricks, bricks.

»Bleib an deinem Platz und blicke aus dem Fenster«, heißt es in Asien. Doch wir streben hinaus in die Welt, suchen nach Verbindung. Wer Bagan aus der Ferne sieht, der entdeckt sie sofort, die roten Ziegelsteine der unzähligen Pagoden – doch magisch macht diesen Ort etwas anderes: Bagan ist vom Rest der Welt ent-bunden. Bagan ist prachtvoll, geheimnisvoll, archaisch. Eine Reise in die Vorzeit, eine ursprüngliche, unverfälschte Welt, ohne Inszenierung. Eine monumentale, mystische Ruinenlandschaft wie von einem fernen Planeten. In der modernen Welt zündelt eine Sehnsucht nach Intimität und Identität. Diese Sehnsucht quält mich, die nach echter Verbindung. Und die Angst davor, sie vielleicht nicht zu finden.

Ich fahre mit dem Fahrrad durch die Felder, und gleich hinter dem Dorfausgang ragen die leuchtenden Pagoden in die Höhe. Ein Mädchen kommt auf mich zu, sie trägt eine grüne Schuluniform. Sie regt den Kauf einer fotokopierten Ausgabe von George Orwells »Burmese Days« an. Ein paar Kyat kann ich das Mädchen runterhandeln – mehr nicht, sie ist eine gute Verhandlerin, charmant, improvisierend. Sie verspricht, das Geld für Schulsachen zu sparen und weiter zum Unterricht zu gehen. Ich lege das Orwell-Buch in den Fahrradkorb, fahre weiter über die weichen Sandpisten und klettere auf eines der sakralen Kunstwerke hinauf. Um mich ungefragt von diesem Wunder, dieser Magie überfallen zu lassen. Losgelöst von jedem Ort und jeder Zeit.

Ich sitze auf dem Dach der Pagode, und eine Schaulust fällt über mich her. Mein Blick fliegt durch die sich ausstreckende Ebene. Und will wissen, was diese Landschaft ist. Hunderte? Tausende? Wie viele rote Türme es sind, die da in den Himmel sprießen. Ich will ewig hier oben sitzen, berauscht sein und sehen, wie die Eidechsen über die Backsteinziegel wischen, wie die Tempelspitzen morgens das nebelverhangene Tal durchstoßen und wie abends immer die Sonne so irrsinnig versinkt. Will in diesem Meer der ziegelsteinroten Pagoden und grünen Felder, Wiesen und Bäume baden.

Ein merkwürdiges Gefühl dehnt sich aus. Eine Ausbreitung von Wohlbehagen. Sonst gibt es kaum Bewegung. Eine Kutsche, mal ein Fahrrad, die Eidechsen, ein Mönch, versunken. Ist noch etwas zu vernehmen, ein Vogel vielleicht? Ich sitze – und doch, Bewegung ist da. Erregung. Ich trete in einen anderen Raum. Es entfaltet sich eine Reglosigkeit meiner Gedanken. Meiner Angst. Ein Zerfallen des Verlangens. Was fehlt, zerfällt. Was ist, kristallisiert sich. Eine Empfänglichkeit. Einklang. Vertiefung. Innigkeit. Intimität.

Nein, dieser Ort ist nicht von dieser Welt. In keiner Weise verbunden mit einem Rest. Und hier, ausgerechnet, dieses Gefühl. Wie immer, wenn ich in solche Gegenden kam: den Himalaja, das Outback, Japan, den Wat. Man schaut auf Landschaften, die dann durch einen hindurchkriechen. Orte, an denen man für Momente aus der Welt fällt. So kommt es mir vor. Magische Orte, denn sie vermögen mein Leben in die kleinsten Einheiten zu zerlegen. Ein Blick auf innen und außen. Die Außenwelt formt meine innere Landschaft. Verbundensein in der Unverbundenheit.

In der Dämmerung blättere ich abwesend in dem Orwell-Buch, und dann fällt mir ein, wie mir in einem Laden in Hanoi eine fotokopierte Ausgabe des Buches »Into the Wild« in die Hände fiel. Ich las die Reportage, in der der Everest-Bergsteiger Jon Krakauer über Christopher McCandless berichtet, einen amerikanischen Studenten, der seine Kreditkarte zerschneidet und allein in die Wildnis von Alaska aufbricht, um vor dem zivilisierten Leben zu flüchten, auf der Suche nach Wahrhaftigkeit, um der zu werden, der er ist. Am Ende seiner zweijährigen Reise stirbt McCandless. Das Besondere an der Reportage ist, wie sie den erbitterten Kampf des Jungen schildert, zu leben, nicht bloß zu existieren, wie Schicht um Schicht Erkenntnis wächst, was das Leben ausmacht, dass es möglich ist, aus unseren öden Lebenswahrheiten auszubrechen und ein einfaches, reiches Leben zu führen – und wie er dennoch nicht am Leben festhält, als er sterben muss. Die Wildnis hat ihm allen Respekt abgerungen. Statt die Natur zu beherrschen, hat er die Gleichgültigkeit der Wildnis gegenüber dem Menschen akzeptiert. Er fand seinen Platz im Leben, weil er sich aufmachte und seine Angst zurückließ.

In Asien werden die Leiche und der Besitz eines Verstorbenen verbrannt. Die Seele lebt weiter, so der Glaube. Verbrannt wird die Hülle, die den Geist beheimatet hat. Auch wird die Leiche mit Duftkerzen und Parfum ausgestattet. Denn die Menschen stehen über alle Sinne in direkter Verbindung zu dem Toten. Die Verbindung bleibt über den Tod hinaus bestehen. In Burma habe ich das Gefühl, die Menschen zehren von einem großen Glück: Sie haben keine Angst, weil sie sich verbunden fühlen. Mit der Natur, dem Leben und dem Tod. Der überwiegende Teil der Burmesen sind Buddhisten, glauben an »anicca«, das Gesetz der Vergänglichkeit der Dinge. Was entstanden ist, muss vergehen, sagt Buddha. Das ist klug, denn so weichen sie der Angst aus, mit dem Tod alles verlieren zu können. Mir scheint, die Menschen sind robust ausgestattet, mit einem Frieden, der Lebensfreude anschwellen lässt.

Tage in Burma. Man möchte, dass das Urteil von Asien-Korrespondent Tiziano Terzani nicht auf die Menschen in Burma niedergeht wie der Nachtregen von Yangon: »Asien hat seinen Frieden verloren auf der Jagd nach jener Art von Glück, das uns bereits unglücklich gemacht hat.« Der Preis könnte ihre Freiheit sein.

Vierunddreißig

Wo Straßen keine Namen haben

Die Straßen Burmas sind mehr als Asphalt oder Schotter, sie sind ein Zustand. Eine Fahrt auf diesen Wegen ist wie eine Affäre: Ausgang ungewiss. Nimmermüde und unverhüllt tanzt hier das Leben. Die Straßen sind ein niemals enden wollender Basar, ein Marktplatz der Güter, Emotionen, Hoffnungen und Träume.

Entlang dieser Wege wird gefeilscht, gespielt, gelacht, geweint, gehofft, gebangt, geschimpft, gedroht, geschlafen, geträumt, gekocht, gegessen, gegeben, genommen, gewonnen und verloren. Was Burma besitzt, wird einem zum Kauf angeboten. In aller Offenheit. Erst die Durchlässigkeit der Straße formt den Zufall und die Zufallsbekanntschaft, die mich so sehr beglückt.

Die Leute laufen voll bepackt die Straße entlang oder sitzen stundenlang unter Bäumen, Schirmen und Dächern. Frauen lehnen über einem Plastikbehälter und waschen ihre Haare. Gleich daneben schraubt ein Mechaniker an einem Motor herum und verkauft Benzin, in Jack-Daniel's-Flaschen abgefüllt. Fahrräder werden den grünen Straßenrand entlanggeschoben, weil auf der ohnehin schmalen Fahrbahn kein Platz mehr für sie ist. Denn dort herrschen mächtigere Kräfte: Lastwagen und Autobusse.

Ich sitze in dem schwer beladenen Autobus und wir fahren endlich ab. Wieder einmal stundenlanges Warten und die Ungewissheit, wo es hingehen wird, wie viel Zeit man hergeben muss – ob man überhaupt ankommt. Ich mag dieses Gefühl, ein Sein im Zwischenraum. Noch nicht angekommen, nicht mehr ganz hier. Bis das Ufer kleiner, das letzte Licht der Stadt verschluckt wird. Nicht wissend, wann und wo wieder ein Dazwischen wartet.

Der Chauffeur trägt einen karierten Longyi. Vor dem Mund hat er ein Tuch, das vor dem aufdringlichen, dichten Straßenstaub schützen soll. Bevor wir losrollen, zieht der Mann noch einmal tief an seiner Betel-Zigarette und schnüffelt an einer kleinen Tube. Bewusstsein eingeschaltet, alle Funktionen aktiviert – bereit für die Höllentour: sechzehn Stunden auf der Straße Richtung Mandalay.

Immer wieder springen Leute während der Fahrt durch die hinten geöffnete Tür in den Bus hinein und wieder heraus. Drinnen verstauen sie Taschen und Tüten und breiten Essen aus. Gemüse und Reis werden mit den Fingern aus Alubehältern verspeist und »Lahpet« – eingelegte Teeblätter – gekaut. Saftige Ananas und Mangos machen die Runde. Frauen und Kinder haben »Thanaka«, eine aus Baumrinde gewonnene Paste, auf das Gesicht geschmiert, zum Schutz vor der Sonne und zur Kühlung der Haut. Niemand verlässt sich in Burma auf etwas – schon gar nicht auf eine intakte Klimaanlage.

Wir fahren auf einem schmalen, schwarzen Band, das endlos vor uns liegt. Rechts und links: staubige rote Erde, die nie ruhen kann, weil immer jemand – oder etwas – über den Sand jagt. Wenn der Autobus am Saum des Asphalts ausrollt und sich die Staubwolke aufgelöst hat, wird es laut vor dem Bus und eng. Denn gleich stürmen die Händler heran, die in der Nähe lauern, und führen ihre Waren vor. Einige schaffen es in den Bus und ziehen durch die Reihen. Dann bieten sie Zahnpasta, Koriandersträucher, Papaya, Moskitoschutz, Uhren und Oreo-Kekse an. In solchen Momenten habe ich das Gefühl, Hoffnungen zu demolieren, wenn ich keinen Gefallen an den Waren finden kann und ablehne.

Die Räder rollen weiter. Abenddämmerung. Wenn es dunkel wird, ergibt sich ein anderes Bild: Große Rasthäuser und kleine Garküchen erwarten die Nachtreisenden. Neonlichter und Gaslampen übernehmen. Entlang den Straßen erhellen sie diese Orte wie der Goldglanz die Pagoden. Das übrige Land ist pechschwarz.

Die Rasthäuser empfangen einen mit Licht, Kitsch, stampfender Musik und weiteren Dingen, die einem Menschen den Nachtfrieden rauben. In großen Kübeln kochen Frauen auch zu dieser Zeit pausenlos mit Getöse ein, und Männer bearbeiten Hühner mit dem Beil. Auf bunten Plastikschemeln kauern die Leute apathisch in der Nähe, ihr Schlafwille längst aufgezehrt. Die meisten Reisenden trinken einen lauwarmen Becher Instant-Kaffee von Nestlé.

Tiefer in der Nacht. Die Leute im Bus schlafen unter ihren Jacken, Decken und Tüchern. Sie bieten Schutz vor der gnadenlosen Klimaanlage, die heute – welch Unglück – zwar funktioniert, seit Stunden aber polare Kaltluft verteilt.

Halt an einem Schlagbaum, totale Stille. Immer wieder passieren wir Kontrollposten. Diese Kontrollposten sind mein einziger Kontakt mit dem Militär. Soldaten sind sonst nirgendwo sichtbar. Der Fahrer rüttelt an meiner Schulter und weckt mich. Mit seinem ausgestreckten Arm deutet er auf das Haus, das am Straßenrand steht. Er nimmt meinen Rucksack und fordert mich auf, mitzukommen. Wir haben einen dichten Wald erreicht. Schlaftrunken purzele ich aus dem Bus heraus und stehe einsam auf der schmalen, nachtfinsteren Straße. Die Moskitos tanzen ihren begierigen Tanz im Scheinwerferlicht.

Sofort weiß ich: Ich möchte hier nicht stehen. Ich fühle mich wie in einer Falle. Ich bin an einem mir unbekannten Ort und stehe im Gegenlicht des Busses, in einer Wolke von Moskitos, vor einem unwirtlichen Haus. Der kühle Wind lässt mich frösteln. Wir sind umgeben von einem schwarzen Meer. Das Haus ist hell erleuchtet. Aus dem Fenster dringt kaltes Licht.

Der Mann im Haus begrüßt mich mit dunkelroten Zähnen und einem Lächeln. Er spricht kein Englisch, doch ein Wort verstehe ich: »Passport«. Ich reiche ihm meinen Pass herüber. Beim Reisen greift ein einfaches Gesetz: ohne Pass kein Leben. Der lächelnde Mann, der mir in seiner gebügelten olivfarbenen Uniform gegenübersteht, hält meinen Pass in der Hand. Je länger er sein Gesicht in ein ruhiges Lächeln taucht, umso unruhiger werde ich. Seite für Seite, Stempel für Stempel, wird der Pass befühlt, besehen und durchleuchtet.

In dem kleinen Haus gibt es einen Schreibtisch aus Holz, auf dem eine kleine Vase mit einer Lotusblume steht, zudem einen Stuhl und ein Radio. An der weißen Wand hängt ein einsames Bild ohne Rahmen mit einem »Chinthe«, einer burmesischen Löwenfigur. Der Ventilator eiert. Mich wundert: Trotz der grellen Neonlampe unter der Decke schwirren keine Moskitos durch den Raum.

»Money, Sir«, überfällt mich der Mann dann. Sein begleitender Tonfall soll wohl ausdrücken: »Sie wissen, dass die Leute in Burma nicht viel Geld besitzen?« Ich ziehe ein paar Dollarscheine aus meiner Tasche und schiebe sie über den Schreibtisch, mit einem Gesicht der Sorte: »Sie wissen, dass 10 Dollar in Burma eine Menge Knete sind und ich keine Wahl habe?« Der Mann reicht mir die Hand, gibt mir meinen Pass zurück und zeigt mir sein ewig höfliches Lächeln.

Weiterfahrt auf der »Burma Road«. Wenn man die Leute im Land fragt, dann hoffen die meisten von ihnen, diese Straße sei längst vom grünen Regenwald begraben oder vom Monsunregen weggewaschen worden. Die Straße erinnert sie an Leid und Krieg.

Der nicht mehr durchgängig asphaltierte Weg windet sich und wird zu einer Bergstraße. Die berühmte »Burmastraße« ist auch heute noch befahrbar.

Ja, die Straßen von Burma haben Geschichte geschrieben, sie sind Orte von Protest, Kampf und Tod. 2007 war es, als die Armee mit irrer Gewalt den Aufstand der Mönche niederschlug. Am Anfang ging es um zu hohe Preise und die Armut. Dann um den Preis der Freiheit.

Nicht nur der Oppositionsführerin Aung San Suu Kyi raubte das Regime die Freiheit. Das gesamte Land ist ein Käfig. In Burma erzählen sie sich einen Witz:»Warum gehen die Burmesen im Ausland als Erstes zum Zahnarzt? Weil sie zu Hause den Mund nicht aufmachen dürfen.«

Der Autobus quält sich weiter bis in das Bergdorf hinauf. Dann hält er an, der Motor schläft ein, der Weg ist vor der Pension zu Ende. Mein Rucksack landet in der Ecke des Zimmers, ich werfe mich erschöpft auf das Bett und genieße den einzigen Luxus, den ein Zimmer nun bieten kann: eine Dusche und Stille.

Ich wache wieder auf, als der Gong geht, der jeden frühen Morgen erklingt. Sein Klang kündigt die karminroten »Bhikkhu« und die rosafarbenen »Bhikkhuni« – die bettelnden Mönche und Nonnen – schon aus der Ferne an. Sie ziehen die Straßen hinunter, von Haus zu Haus, um Essen zu sammeln.

Jeder Morgen in Burma bringt das ewig gleiche Straßenschauspiel – nur die Hoffnungen und Träume erneuern sich. Einen Namen dafür kenne ich nicht. Revolte, denke ich, und blicke durch das Fenster auf die Straße hinaus, direkt in die aufsteigende Sonne.

Nach ein paar Tagen im Hochland geht es wieder auf die Straße, weiter nach Mandalay.

Fünfunddreißig

200 Dollar für dein Leben

Ich bemerke Soi gleich an meinem ersten Morgen in Mandalay. Er ist ein Geschenk. Betelkauend und in einem Wörterbuch blätternd, sitzt der junge Mann lässig mit angewinkelten Beinen auf seinem Motorrad vor der Pension.

Soi winkt mich lachend heran, und dann rasen wir den ganzen Tag durch die Stadt. Auf dem Lenker seines polierten Motorrads klebt ein Sticker von Aung San Suu Kyi. Dass heute dieser Sticker auf seinem Motorrad klebt, sei wie ein Wunder, wäre vor einem Jahr noch undenkbar gewesen. Opposition sei nicht Burmas Stärke. Sois Stärke schon. Abends beim Bier erzählt mir Soi seine Geschichte.

Er schnippt die Asche seiner grünen Zigarre zu Boden. Betelrote Zähne in einem breiten Grinsen. Das Kauen von Betelnüssen hilft gegen Müdigkeit, unterdrückt den Appetit und macht süchtig. Auf Burmas Straßen zermalmen dunkelrote Zahnstümpfe das Zeug pausenlos. In alle Ecken des Landes wird der Betelbrei dann gerotzt. Viele Hauswände ziert ein Betel-Graffiti.

Wer eine Revolution macht, erwartet dafür etwas: ein besseres Leben, den Pulsschlag der Freiheit oder Essen. Soi hatte mit der Opposition flammend für die Freiheit seines Landes gekämpft – und etwas verloren.

Immer wieder kam die Armee in seinen Fotoladen, um Bilder zu manipulieren. Nach einer Weile wollte Soi nicht mehr Komplize sein und verteilte in seinem Ort Flugblätter. Als sie begannen, nach ihm zu suchen, Gefängnis drohte, tauchte er ab. Weil sie zäh nach ihm fahndeten, folgten drei unvorstellbar lange Jahre, in denen er sich in Thailand versteckte.

200 US-Dollar. Das war der Geldbetrag, den Soi einem Grenzbeamten zusteckte, eine Gabe für sein eigenes Leben. Damit der Beamte beide Augen zudrückte, als Soi mit allem, was er besaß – zwei 100-US-Dollar-Banknoten –, an der Grenze zu Thailand stand. In einer Nacht, die so schwarz war wie die Stunde seines Lebens. Männer und Frauen auf der Flucht, das ist Alltag in Burma, noch heute.

Sois Aufenthalt in Thailand war nicht sauber. Daher war es heikel für ihn, dort Geld zu verdienen. Oft habe er als Bauarbeiter, als Tagelöhner, anheuern müssen, aber am Ende keinen Lohn bekommen. Ein Freund in Burma war es, der Briefe und das wenige Geld an die Familie schleuste. Die meiste Zeit aber war er allein und fühlte sich einsam. Eine Einreise zurück nach Burma war nicht möglich, auch weil sie nach seiner illegalen Ausreise strafbar war. Eines Tages gab es eine Kontrolle auf der Straße. Da Soi keinen thailändischen Pass vorweisen konnte, forderte die Polizei einen Nachweis seiner Nationalität. Weil er gut Englisch sprach, behauptete Soi, er sei aus England. Die Polizei bestand auf einer Sprechprobe, und da raffte er alle englischen Wörter zusammen, die jemals sein Leben kreuzten – mit Erfolg. Seitdem trägt Soi immer ein Wörterbuch bei sich. Jede freie Minute lernt er Vokabeln. Sie haben ihm schließlich das Leben gerettet.

Ich will noch wissen, ob Soi nicht Angst hatte bei seinem Fluchtversuch. Was, wenn an der Grenze tausend Dollar von ihm verlangt worden wären?»Nein, keine Angst«, sagt Soi und klug antwortet er weiter: »Wäre ich nicht losgegangen, hätte ich keinen Versuch unternommen, wäre mein Leben schon verloren gewesen. Ich musste meinem Leben eine Chance geben.«

Als Aung San Suu Kyi aus dem Hausarrest entlassen wurde, kehrte er nach Burma zurück. Das war 2010. In die Heimat, zu seiner Frau und den drei Kindern. Mit fünfunddreißig Jahren, Lust aufs Leben und einem ansteckenden Lachen. Das Wörterbuch immer in der Tasche. Als Lebensversicherung.

Sechsunddreißig

Der Bahn-Basar

Wer bescheiden reist, spürt den Ansturm von tausend Blüten. In dem schwankenden Dritte-Klasse-Zug begreife ich, dass Reisen eine süß-salzige Angelegenheit ist. Noch einmal fahre ich in das Hochland von Burma. Es gibt keine gepolsterten Liegesitze, keine Klimaanlage, nur die harte Holzbank, auf der ich seit zehn Stunden wie auf einem Trampolin auf und ab hüpfe. Da drückt seit Tagesanbruch diese trübe Hitze, die mir schwer zusetzt. Und wann es wieder einen Halt geben wird, an dem ich Essen bekomme, bleibt nur eine verwackelte Ahnung. Ich fühle mich müde, erschlagen und ausgezehrt.

Wenn am Morgen alle auf die Abfahrt warten, ist es in Mandalay noch kühl und finster, atmet man die Stille und Frische ein. Doch bald wird es laut und farbig. Der Zug schaukelt sich durch das Hinterland, über den spektakulären »Gokteik-Viadukt« und weiter die Berge hoch. Die Bahn ächzt, und ich kämpfe an gegen eine deutsche Depression: die Angst, nie anzukommen, dass etwas Unvorhergesehenes alles zunichtemacht, während sich die flatternde grüne Bergwelt ewig an mir vorbeimüht.

Zugfahren in Burma ist wie ein Basar-Besuch. Für die Leute entlang der burmesischen Gleise ein Marktplatz der Hoffnungen. Männer und Frauen, Alte und Junge, Kinder, Bettler, Händler, sie alle springen auf den fahrenden Zug und wenig später wieder ab. Vor allem die Händler. Sie wittern ein schnelles Geschäft und das große Los auf dem rollenden Basar.

Einer von ihnen, ein hagerer Junge mit glatten, schwarzen Haaren, war beim letzten Halt auf den Zug gesprungen und verkauft Kaffee aus einem Topf, der auf seinem Kopf lagert. Er ist vielleicht zehn Jahre alt und trägt ein weißes Hemd über seinem karierten Longyi. Mit seinem Gefäß zieht der Junge durch die vollen Reihen des Waggons. Nimmermüde nimmt er Anlauf, um seine Ware loszuschlagen. Doch niemand beachtet ihn, niemand will an diesem Morgen etwas kaufen. Keiner der Zugreisenden kann sich Mitleid erlauben. Zu viele kämpfen hier um Lohn und Leben.

Plötzlich steht der Kleine vor mir, berührt meinen Arm. Ich blicke ihn an und nicke, als mir die Ware präsentiert wird. Dann beginnt der Junge seine Handlungen. Mit einem Becher schöpft er eine dampfende, milchbraune Brühe aus seinem Topf. Langsam, wie ein schmaler Wasserfall in Zeitlupe, rinnt das Gebräu plätschernd in eine Plastiktüte. Der Kleine steckt einen Strohhalm hinein und dreht flink die Tüte ein paarmal um die Achse des Strohhalms. Man könnte den Vorgang für beendet halten, da schnürt er geschickt mit einem Faden den Hals der Tüte ab. Kein Tropfen bleibt außen hängen, nur der schokoladige Kaffeeduft.

»To go, Sir«, sagt der Junge und schenkt mir noch ein strahlendes Lachen mit. Einen Dollar fordert er. Ich gebe dem Jungen zwei gebügelte Scheine, weil hier einer sein Handwerk versteht. Für mich ist der Kaffee eine Annehmlichkeit, für den Jungen sein Tagwerk, mit dem er einen weiteren überleben wird. Ich bewundere, wie der Junge sein Leben anpackt. Anpacken muss. Er gibt mir eine Lehrstunde. Mut, Wille und Ausdauer stehen heute auf seinem Lehrplan. Wer bescheiden reist, der kostet von einer großen Mühsal. Und wenn ich Glück habe, dann packt mich ein Sturm, der in mir wühlt, an meinen Gewohnheiten rüttelt. Dann werden Räume und Begegnungen zu Klassenräumen, ich erfahre, wie sich die Welt anfühlt – und der ganze Rest. Aufbruch und Ankommen und dazwischen: das Schöne und süß-salziges Leben.

LISSABON, PORTUGAL

Matar a saudade

Siebenunddreißig

Eine Gasse, die ganze Welt

Lissabon ist ein seltsam schöner Landstrich. Die Stadt stellt Sonderbares mit einem an. Das Licht, das auf sie herunterfällt, ist so einmalig, dass man in dieser Schönheit baden will. In einem heiteren Licht sitzen die Häuser auf den Hügeln. Auf dem Pflaster der kleinen Gassen hört man Schritte, die nach Hause kehren. Und doch packt einen, kaum in Lissabon eingetroffen, sogleich die Sehnsucht nach der Ferne. Auf einem der rauen, scharfen Felsen an der rotbraungrünen Steilküste stehend, blickt man in das aufgespannte, grenzenlose, meerblaue Himmelssegel und schaut leidvoll mit einem entdeckungshungrigen Seefahrerblick auf eine – gar nicht so fern scheinende – durchschimmernde Horizontlinie. Das pulsierende Gefühl in einem, ein anderes Ufer betreten zu wollen, sehen zu wollen, wie das zurückbleibende Festland kleiner und kleiner und winziger, wie jede Bedeutung ausradiert wird, wie alles wie eine Flamme dahinschrumpft, der man das Gas runterdreht. Man möchte, dass sich die Farben, wie früher in jedem Atlas, von gelb auf orange ändern. Verlässt man das Land dann, setzt einen Schritt nur heraus, überfällt einen das brennende Verlangen zurückzukehren. »Matar a saudade«, töte deine Sehnsucht. Und laufe weiter.

In Lissabon pressen starke Wellen an das Ufer des Tejo. Sie erzählen von »saudade« – von Sehnsucht und Nostalgie, Rückkehr und Schmerz. Nirgendwo gibt man sich diesem Verlangen mit so viel Vergnügen hin wie in Lissabon. »Saudade« ist der Ausdruck der Portugiesen für dieses besondere Leiden, ein melancholisches Basisgefühl, dem man in den entferntesten Winkeln der Gassen begegnen kann. Die portugiesischen Seefahrer brachten dieses unbekannte Gefühl von ihren Odysseen mit: Nun, verwundbar in der Ferne, erfuhren sie erstmalig die Sehnsucht nach Heimat, den brennenden Schmerz der Unmöglichkeit, heimzukehren. Lissabon ist ein Chamäleon, und manchmal macht mir die Stadt Angst, weil ich meine, sie spiegelt zu jeder Zeit meine Stimmung wider.

Die schmale Gasse ist wie ein Flur, es ist eng, kühl, ruhig. Es riecht gut hier, nach Kastanien, Orangen, frischer Wäsche. Die grünen Türen sind dicht an dicht angeordnet. Führen vom Flur in die Zimmer des Hauses. Die Gasse ist verbindender Durchgang, Ort von Transit, ein verwischter Dazwischenraum.

Ich komme in einem der schmalen Häuser in der Gasse unter. In langsamen, leichten Schritten, wohl bedacht, und doch gelassen, das Gleichgewicht austarierend, gehen mit gesenktem Kopf immer wieder kleine Leute auf dem Pflaster durch meine Gasse, die leicht abschüssig verläuft, sie gehen einfach nur so, ohne Ziel, so scheint es – oder doch zu genau einem Zweck: zu ihrem Vergnügen eben.

Immer sind sie, jetzt im Herbst, leicht bekleidet, eine Strickjacke vielleicht, ein Kittel, ein Hemd, Pantoffeln. Die Gasse ist, als würde man im eigenen Hausflur vorübergehen und durch eine Tür in ein anderes Zimmer treten. Nie sehe ich, dass ein Schlüssel betätigt wird, immer werden die Türen mit der Hand aufgeschoben und fallen wieder zu. An den Fassaden stehen nur die Hausnummern, keine Namen, niemand, der die Gasse nicht kennt, kann wissen, wer hier wohnt. Die Bewohner der Gasse überblicken, wer wo zu finden ist, sie geht es an, es sind ihre Häuser, ihre Zimmer, ihre Balkone, es ist ihr ureigener Lebensraum.

Der Mann mit Hut und ohne Hals, die gefaltete Zeitung unter dem Arm. Die kleine Frau, eine Tüte mit Waren aus dem Gemüseladen in der Hand, ein Lied vor sich hin summend. Die Mutter mit Kind in Schuluniform, der Rucksack größer als das Kind. Der Messerschleifer auf seinem Fahrrad. Der pfeifende Schuhputzer. Der Gitarrenspieler in der abgetragenen Cordjacke. Das Mädchen mit ihrer Geige. Die Frauen, die aus den geöffneten Fenstern der Türen hängen. Die Alten mit Hut, am Morgen auf Stühlen neben dem Treppenaufgang sitzend und wartend. Und die Männer, die einen

Einkaufswagen auf einen Grill legen, um ihre Sardinen zu grillen, weil kein Grillrost aufzutreiben ist. Die Portugiesen besitzen ein eigenes Wort für ihre Gabe zu improvisieren, diese einmalige Anpassungsfähigkeit: »desenrascanço«.

Von Zeit zu Zeit tritt jemand auf einen der schmalen Ein-Personen-Balkone. Dann wird der Sitz der Wäsche auf den Leinen kontrolliert, windgetrocknete Wäsche eingeholt wie das Vorsegel bei Einfahrt in den Hafen und durch tropfende Wäsche ersetzt.

Alles wird mit einer heiteren, lächelnden Grundhaltung vorgetragen, die Bewegungen, die Stimmen, die Laute, die Gesichter. Die Gesichtszüge erscheinen mir unaufgeregt, gütig, ruhend. Von Zeit zu Zeit ruft auch jemand laut etwas die gesamte Gasse hinunter, dann aber immer in einem weichen, sanften Ton. Manche Türen quietschen, aber die meisten fallen leise ins Schloss, die Menschen treten lautlos in die Eingänge und wieder hinaus, fast unbemerkt stehen sie plötzlich in der Gasse und gehen ein paar Meter, um dann wieder hinter einer Tür zu verschwinden oder an einer mir bislang unbekannten Ecke abzubiegen, an der eine Treppe sie weiter nach oben in das Gassenlabyrinth führt.

Manchmal bleiben zwei Figuren stehen, grüßen sich und beginnen eine Unterhaltung. Dann stellt die kleine Frau in der Strickjacke ihre Tüte ab, schaut den Mann in der Anzugjacke interessiert an und hört den Neuigkeiten, Klagen und Befindlichkeiten seelenruhig zu, nur hin und wieder bewegt sich der Kopf, hebt und senkt sich, nur dann erhebt sich die Stimme ein wenig zu einem aufmunternden »Sim. Sim, sim, sim.« Oder: »Pois, pois.« Ja, ja, ja, ja. Klar, klar. Wenn man nur kurz die Gasse in die andere Richtung hinunterschaut oder den Balkon verlässt und dann wieder raustritt, sind die Figuren spurlos und lautlos verschwunden, ist die Gasse wieder verlassen, einsam und still.

Die Menschen laufen durch die Gasse und transportieren Dinge. Nie große Dinge, immer kleine Sachen, die große Angelegenheiten sein mögen. Nie in einem Behältnis, immer einzeln, zwei, manchmal drei einzelne Gegenstände: eine Kanne, eine Mappe, ein Brett oder einen Schirm.

Die Bürgersteige sind so schmal, dass niemand auf ihnen laufen kann, daher laufen alle in der Mitte der Gasse auf und ab. Die Pflastersteine der Straße haben die Größe von Dominosteinen, sehen aus wie mit weißer Schokolade überzogen. Die Balkone sind schief und schmal, vielleicht dreißig Zentimeter ragen sie hervor. Sie sind mit einem Geländer aus Stahl versehen, handgefertigt und mit arabischen Mustern verziert, mit Bögen und Quadraten, geschwungen, geflochten, geschnürt.

Die Tauben trippeln auf den Simsen, und wenn sie im Schatten einen Platz gefunden haben, einen, der ihnen gefällt, ziehen sie den Kopf ein. Der beliebteste Platz der Tauben ist der Sims am Haus gegenüber, genau dort, wo sich der Sims um die Ecke windet, in eine benachbarte Seitengasse hinein. Hin und wieder verirren sich Seemöwen vom Tejo hier herauf und fallen in die Gasse ein, im Tiefflug rasen sie hindurch, hinterlassen ihre Laute zum Gruß und sind wieder verschwunden.

Kein Laut dringt aus den anderen Türen und Fenstern in die Gasse. Es gilt ein Flüstergebot, so meint man, wenn man von oben, vom Balkon aus, hinunterblickt. Tagsüber laufen weder Hund noch Katze durch die Gasse. Die treten erst bei Sonnenuntergang auf.

Am Nachmittag bevölkert der Schatten die Gasse, die Sonne ist lange hinter den Häusern versunken. Wenn man aber den Kopf auf den Balkon herausstreckt, dann weht immer noch eine warme, milde Brise am Kopf vorbei. Das tut gut. Denn im Haus ist es den ganzen Tag über kühl, immer kühler als draußen. An manchen Abenden ist es auf dem Balkon besser auszuhalten als im Haus. Nur das oberste Stockwerk ganz hinten in der Gasse bekommt noch Sonne ab, die weißen Laken, die dort oben über der Leine hängen, strahlen wie tanzende Brautkleider.

Nachmittags setzt auch immer leichte Swing-Musik ein. Sie dringt von der Ecke her, wo ein Restaurant um diese Zeit öffnet.

An einem Tag in der Woche kommt Orchestermusik aus dem Haus gegenüber. Musikstudenten spielen Oskar Böhme. Schräg gegenüber schaut einmal am Tag die alte Dame auf ihrem Balkon vorbei. Es ist der einzige Balkon, der immer wäschelos verwaist bleibt. Die Dame schaut so gelassen betrübt. Ich werfe dann ein paar Brocken auf Spanisch herüber und sie antwortet mir froh auf Portugiesisch und ich nicke und sage »Sim sim«. Manchmal klingelt ihr Telefon. Es ist ein Ring-Ring-Ringen, als sei es noch ein altes Telefon mit Schnur. Dann dreht sie sich langsam um, so als hätte sie alle Lebenserfahrung der Welt, als hätte sie alles gehört und gesehen und sich doch die Neugierde bewahrt, wer es wohl diesmal sei, der etwas zu erzählen habe. Ihr rührselig warmer Blick zum Abschied.

Nachts ist es anders: Da dringt Neonlicht aus Fenstern und aus dem Gemüseladen an der Ecke. Vor ein paar Eingängen lungern Männer in Jogginghose herum und rauchen. Immer noch Flüstergebot. Man hört eine zärtliche Gitarre spielen und Absätze auf dem Pflaster. Leiser Gesang. Gläser klirren und Geschirr. Noch einmal öffnen sich die Türen unten und Müllsäcke werden herausgereicht. Immer um Mitternacht kommt der Müllwagen. Aus nicht beleuchteten Fenstern streckt sich heimlich hier und da neugierig ein Kopf und raucht. Eine Katze schleicht an der Wand entlang und streicht um die Ecke herum. Immer wieder sieht man einen Schatten sich ruhig in einem der Zimmer bewegen.

An manchen Tagen wünschte ich, dass doch endlich jemand die triumphierende Ruhe durchschneiden möge, mit einem durchdringenden leidenschaftlichen Ausruf, einer inbrünstigen Rede: wütend, verärgert, streitend, erschrocken, ängstlich, erstaunt, überrascht, bewundernd, begeistert, verliebt. Jemand, der das Flüstergebot beendet, jemand, der laut wird, seufzt, stöhnt, schreit, etwas rausquetscht, auspresst. Doch dann merke ich, dass das nicht geht. Es unmöglich ist, weil es nicht der portugiesischen Seele entsprechen würde.

Dann – ein Coup – kommt der Postmann mit seiner Bassstimme und ruft: »Correio!«. Post! Die Depeschen der Welt. Die »saudade« senden. Ich gehe zum Laden am Ende der Gasse, und der Mann mustert mich und lächelt, weil er meint, sich zu erinnern, wer ich beim letzten Mal war.

»Saudade« ist mehr als ein Wort. Es ist der immerwährende Zustand jeder portugiesischen Seele. Süße Melancholie. Sehnsüchtige Sinnlichkeit. An dessen Ende immer die Rückkehr zu einer Sache steht. Die Portugiesen, die haben dieses Verlangen, zurückkehren, sie haben es von ihren seefahrenden Vorfahren geerbt. Sie besitzen eine Obsession zur Rückkehr. Jeder Aufbruch ein Tod. Jeder Herzschlag bis zur Rückkehr: schmerzt. Eine Welle, im Blutstrom ihres sehnsüchtigen Herzens. Cesária Évora singt eine leise Hymne auf das Gefühl: »Sodade Sodade / Sodade / Wenn du mir schreibst / schreibe ich dir auch / wenn du mich vergisst / vergesse ich dich auch / Bis zu dem Tag / an dem du heimkehrst.«

Ich dachte, ich würde am Ende meiner Reise zurückkehren oder irgendwo ankommen. In meiner Lebensmitte oder an einem Ort, den ich möglicherweise Zuhause oder Heimat nennen wollte. Ich würde ja durch ausreichend viele Orte kommen. Aber so lief es nicht. Es war anders.

»Ich weiß nicht, wer ich bin, welche Seele ich habe«, schrieb Fernando Pessoa. Lissabon, die Schöne, ist Labyrinth. Sie ist sinnlich, zart, warm. Sie gibt, melancholisch, ruhig, rätselhaft. In jeder Ecke, aus jedem Winkel, an jedem Ende kann man in ihr etwas Neues entdecken. Doch gehe ich durch ihre Gassen, höre ich »passos de duas pessoas«: die Schritte zweier Personen. Ich bin ein ständig ausschlagendes Pendel. Zwischen Heimweh und Wanderlust. Wo konnte ich am Ende meiner Reise besser stranden als in einer Stadt, die mich immer verstand, gleich wo ich mich rumtrieb?

Warum aber ist das Verlangen eines Ankommens so schmerzvoll wie eine Rückkehr selbst? Milan Kundera hat beschrieben, warum unsere Nostalgie wehtut: Weil wir ignorieren, dass es nur die Erinnerung sei, die uns in Sehnsucht versinken lasse. Weil wir in den tiefen Graben unserer Erinnerungen fallen. Und unsere Nostalgie ist insofern Ignoranz. Sie ist Unwissenheit, denn wir vergessen, dass nichts so ist, wie es einmal war, als wir es verlassen haben – vor allem man selbst. Ich stellte fest, dass es keine Rückkehr geben konnte. Ich stellte auch fest, dass ich gar nicht ankommen wollte. Sesshaft werden oder so. An einem bestimmten geografischen Ort. Und ich begriff, es ist gar nicht möglich, wieder im gleichen Zustand am gleichen Ort anzukommen. Weil die Dinge wandelbar sind, unbeständig, vergänglich. Ich mag ein Ankommen im Nicht-Ankommen.

Mir ging es wie den portugiesischen Seefahrern. Ging man fort, war fern von Heimat und Sprache, wurde man verwundbar. Alle Gewohnheiten, alle Sicherheiten versickerten in der Fremde. Klarer trat hervor, was man wertschätzte, was einen ausmachte, was eigene Identität war. Gleichzeitig war da der Gewinn der Fremde. Die Bildung durch Bewegung: Wissen, Grenzen, Freiheit. Alles erwandert. Ich fuhr los und konnte meine Nostalgie zähmen, in der Fremde Heimat finden. Ich mochte den Fluss der Reise mehr als jedes Ankommen. Ich musste nur auf mein Pendel warten, wenn meine Neugierde sich erneuerte, wenn ich drohte, in der Routine festzufrieren, und ich aufbrechen musste.

Es gab keine Alternative zum Alleinsein. Und auch nicht zum Unterwegssein. Ich musste dieser Freiheit nur begegnen. Und dann immer schön den Kompass der Nostalgie ignorieren. »Matar a saudade«. Diese irre Reise brachte Seele in mein Leben. Welt in mein Herz. Und ich kam an – in einem Zustand, von dem ich nie zu träumen wagte.

Epilog
oder
Weiter weg

Die Sonne vertreibt den Nebel endgültig, und ich drücke der Frau meinen Schlüssel in die Hand.

»Quem viveu aqui?«, fragt die Frau. Wer hat hier gewohnt?

»Duas pessoas«, sage ich. Zwei Personen.

Ich steige die knarzenden Holzstufen hinunter, gehe durch die schmale Tür hinaus und zum Jardim da Estrela.

Lissabon ist an diesem Morgen eine europäische Hauptstadt ohne besondere Vorkommnisse. Die Alte in Rock und Strickjacke kratzt mit ihrer Harke goldbraunes Laub im Park zusammen. Wie an jedem Herbsttag. Ich höre Mahlers Neunte, während ich schreibe. Zeit, eine Euro-Münze für meinen letzten »galão« auf dem grünen Blechtisch klimpern zu hören, dann loszuziehen. Ich brauche mein »Chicago« von Clueso: »Irgendwo, wo mich keiner kennt / [...] / dort, wo niemand, niemand meinen Namen nennt.«

Am Flughafen. Im Winterpulli. Unzählige Gänge, ein echter verglaster Albtraum, mit Toblerone, Cool Water und Smartphone-Langeweile im Starbucks, mit Norah Jones garniert. Bis ich in den Gesichtern der Reisenden sehe, worum es an einem Verkehrslandeplatz auch noch geht: um Fernweh und Heimweh, Aufbruch und Abenteuer, Träume, Liebe – um Transit, um Übergang.

Einige Flugzeuge schießen steil, andere segeln flach in den Himmel über Lissabon, der grau ist. Es tut gut, den weiten Himmel zu betrachten.

Später bekomme ich einen roten Stempel in meinen Pass gedrückt. Einfach so, ohne Fragen. Es ist ein Novembertag, Ankunft auf dem Atatürk Airport in Istanbul. Ich bin zurück in der Welt.

Ich muss in Bewegung bleiben.

Die Songs dieser Reise

Louis Armstrong, *We Have All the Time in the World* (1969)
Clueso, *Chicago* (2006)
Tamar Eisenmann, *Wrong Road* (2003)
Cesária Évora, *Sodade* (1992)
Depeche Mode, *Enjoy the Silence* (1990)
Ella Fitzgerald, *Exactly Like You* (1959)
Elton John, *Rocket Man* (1972)
Janis Joplin, *Me and Bobby McGee* (1969)
Faithless, *God is a DJ* (2007)
Faith No More, *King For A Day* (1995)
Foo Fighters, *All My Life* (2002)
Future Islands, *Seasons (Waiting On You)* (2014)
Peter Fox, *Haus am See* (2008)
Ryōichi Hattori, *Tokyo Boogie Woogie* (1947)
Incubus, *If Not Now, When?* (2011)
Led Zeppelin, *All My Love* (1979)
John Lennon, *Love* (1970)
Udo Lindenberg, *Das Leben* (2011)
Long Distance Calling, *Avoid the Light* (2009)
Nirvana, *Come As You Are* (1991)
Oasis, *Little by Little* (2002)
Pixies, *Where Is My Mind?* (1988)
Radiohead, *The Tourist* (1997)
Otis Redding, *Sitting at the Dock of the Bay* (1968)
Achim Reichel, *Der Spieler* (1981)
The Rolling Stones, *You Can't Always Get What You Want* (1969)
Peter Sarstedt, *Where do you go to my lovely?* (1969)
Scorpions, *Always Somewhere* (1979)
The Cure, *Pictures of You* (1989)

The Smiths, *Ask* (1988)
Rod Stewart, *Sailing* (1975)
Queens of the Stone Age, *Go With The Flow* (2002)
U2, *Breathe* (2009)
U2, *Wake Up Dead Man* (1997)

Die Bücher dieser Reise

Theodor W. Adorno, Max Horkheimer, Dialektik der Aufklärung,
  in: Theodor W. Adorno, Gesammelte Schriften, Band 3,
  Suhrkamp, 1997.

Fredrik Barth, Nomads of South Persia: The Basseri Tribe of
  the Kkamseh Confederacy, Oslo University Press, 1961,
  zitiert in: Bruce Chatwin, Traumpfade, Carl Hanser Verlag,
  1990/2012.

Nicolas Bouvier, The Japanese Chronicles, Mercury House, 1992.

Paul Brannigan, This is a Call: The Life and Times of Dave Grohl,
  Harper Collins, 2012.

Charles Bukowski, Love is a Dog From Hell, Harper Collins, 2002.

John Burroughs, The Art of Seeing Things, Syracuse Press, 2001.

Albert Camus, Hochzeit des Lichts, Arche Verlag, 2009.

Albert Camus, Tagebücher 1935–1951, Rowohlt, 1972.

Bruce Chatwin, Traumpfade, Carl Hanser Verlag, 1990/2012.

Bob Dylan in einem Interview mit Michael Lachetta, New York Daily
  News, 8. Mai 1967.

Ralph Waldo Emerson, Journals of Ralph Waldo Emerson,
  Houghton Mifflin, 1914.

Malcolm Gladwell, Überflieger: Warum manche Menschen
  erfolgreich sind – und andere nicht, Piper, 2010.

Jack Kerouac, The Haunted Life: and Other Writings, Da Capo
  Press, 2014.

Jack Kerouac, Wake Up: A Life of the Buddha, Penguin, 2008.

Georg Klein, im Interview: http://rowohltverlag.tumblr.com/
  post/63651072620/

Naomi Klein, No Logo!, Goldmann, 2005.

Jon Krakauer, In die Wildnis: Allein nach Alaska, Piper, 2007.

Milan Kundera, Die Unwissenheit, Fischer, 2002.

Henry Miller, The Wisdom of the Heart, New Directions, 1960.

Haruki Murakami, Wovon ich rede, wenn ich vom Laufen rede, DuMont, 2011.

Friedrich Nietzsche, Gesammelte Werke, Anaconda, 2012.

Friedrich Nietzsche, Götzen-Dämmerung, Insel Verlag, 1984.

Friedrich Nietzsche, Menschliches, Allzumenschliches, Anaconda, 2006.

Anaïs Nin, The Diary of Anaïs Nin, Volume 3, 1939–1944, Houghton Mifflin Harcourt, 1971.

George Orwell, Nineteen Eighty-Four, Penguin, 2008.

Fernando Pessoa, Das Buch der Unruhe des Hilfsbuchhalters Bernardo Soares, Fischer, 2006.

Fernando Pessoa, António Mora, Die Rückkehr der Götter, Fischer, 2008.

Fernando Pessoa, Er selbst, Poesia, Fischer, 2014.

Edgar Allan Poe, Der Herrschaftssitz von Arnheim, Propyläen-Verlag, 1920; Kindle Edition, 2015.

Rainer Maria Rilke, Die Aufzeichnungen des Malte Laurids Brigge, Suhrkamp, 2000.

Theodore Roethke, The Decision, Collected Poems, Knopf Doubleday, 2011.

José Saramago, Über die Liebe und das Meer: Gedichte, Hoffmann und Campe Verlag, 2011.

David Sedaris, Me Talk Pretty One Day, Abacus, 2002 .

William Shakespeare, Romeo und Julia, Akt 3, Szene 5, Reclam, 1986.

Patti Smith, Interview in Penthouse, April 1976.

Freya Stark, Baghdad Sketches, Journeys Through Iraq, I. B. Tauris & Co Ltd., Reprint 2011.

John Steinbeck, A Life in Letters, Penguin, 1989.

Benjamin von Stuckrad-Barre, Soloalbum, KiWi, 2005.

Aung San Suu Kyi, Freedom from Fear: And Other Writings, Penguin, 2010.

Tiziano Terzani, Noch eine Runde auf dem Karussell: Vom Leben und Sterben, Droemer, 2014.

Helge Timmerberg, Timmerbergs Reise-ABC, Solibro, 2013.

Oscar Wilde, Das Bildnis des Dorian Gray, Reclam, 1992.

Dank

Natürlich steht mein Sinn danach, Dank abzustatten. Ich danke all jenen, die mir begegneten, mich so unverschämt bereicherten.

Andreas Altmann für seine klugen Worte und ein Geschenk.

Meiner Lektorin Katharina Wulffius, der besten Leserin für dieses Buch, für ihr Tauchen in den Text, ihre entschlossene Zähmung, das wunderbare Formen und ihre behutsame Begleitung.

Bettina Feldweg für ein Zuhause meiner Arbeit.

Den Mitarbeiterinnen und Mitarbeitern des Piper Verlages für die Entstehung dieses Buches.

Johannes Klaus für sein Vertrauen und seinen Tritt.

Meinen großzügigen Gastgebern Eser, Sven und Harald in Istanbul, Lissabon und im Teufelsmoor für Orte der Ruhe, die ich für dieses Buch brauchte.

Andreas, Caroline, Filipe, Jarg, Jens, Kiki, Marc, Maria, Marianna, Nicole, Oleander, Philipp, Solveig, Thilo, Ulrike.

Und ich danke meiner Mutter und meiner Schwester, ohne deren Unterstützung dieses Buch nicht entstanden wäre.